电动公路
ELECTRIC HIGHWAY

新能源汽车环游中国

西北、西南篇

勤奋的MAC　编著

中国电力出版社
CHINA ELECTRIC POWER PRESS

内容提要

一台新能源汽车，两个人，13个省，8644公里。勤奋的MAC和爱人从北京出发，一路向西，经山西、内蒙古、宁夏，到达青海；再向南，途经甘肃、陕西、四川、重庆、贵州、广西，最后到达广州。

一路上，有雪山，有沙漠，有山路十八弯，也有烂路崎岖，勤奋的MAC和他的新能源汽车能否顺利通过考验，到达目的地，让我们随他们一起踏上“电动公路”之旅。

实用的线路规划、充电点分享和充电建议，500幅沿途美景，有趣的途中故事，让眼睛和心灵来一次远行，也为您的新能源汽车自驾之旅提供有益参考。

本书可供新能源汽车车主、爱好者，以及热爱生活和远方的朋友阅读参考。

图书在版编目（CIP）数据

电动公路：新能源汽车环游中国：西北、西南篇／勤奋的MAC编著．—北京：中国电力出版社，2020.6

ISBN 978-7-5198-4654-1

Ⅰ．①电… Ⅱ．①勤… Ⅲ．①旅游指南－西北地区②旅游指南－西南地区 Ⅳ．①K928.9

中国版本图书馆CIP数据核字（2020）第073031号

出版发行：中国电力出版社
地　　址：北京市东城区北京站西街19号（邮政编码100005）
网　　址：http://www.cepp.sgcc.com.cn
策　　划：王　祎
责任编辑：杨　扬（y-y@sgcc.com.cn）
责任校对：黄　蓓　常燕昆
书籍设计：锋尚设计
责任印制：杨晓东

印　　刷：北京瑞禾彩色印刷有限公司
版　　次：2020年6月第一版
印　　次：2020年6月北京第一次印刷
开　　本：787毫米×1092毫米　16开本
印　　张：14
字　　数：376千字
定　　价：69.00元

我，“电动公路”和远方

每次，看见一条公路伸向远方，都好像是一种召唤，让我想跳出这每天“复制”“粘贴”的生活，踏上旅程，去认识这个真实的世界，去寻求心中困惑的答案，去探寻人生的更多可能性。

于是，2018 年初的某一天，我按下了“暂停”键。告别了我“两点一线”的工作和生活，收拾好行囊，发动我们的新能源汽车，和爱人一起踏上了“电动公路”之旅。

当时我国的充电基础设施已初具规模，并在不断建设、完善中，我开的车续航是 400 多公里。作为第一次尝试，我们的自驾路线选择了充电设施较发达的沿海地区。一路上，我们通过汽车之家论坛上分享的帖子“电动公路　环游中国第一季”，得到了很多朋友的关注，当然也有不少质疑的声音，主要是对新能源汽车长途旅行的信心不足。

六个月后，我们按计划完成了行程，也向大家证明了新能源汽车是可以远行的。

2019 年我们又制订了西北、西南线路的行程，我们从北京出发，一路向西，到达青海，再向南，最后到达目的地广州。

仅过了一年，就能明显感觉到我国的新能源

汽车产业的飞速发展。国产新能源汽车的整体续航提高到了 500 公里，全国的充电基础设施建设越来越完备，充电点迅速增长，遍布全国各地，充电点的软件、硬件都更人性化、智能化……原先还担心西北、西南的部分地区会有充电困难的问题，结果一路顺利，没有一次因为充不上电而掉链子。作为一个新能源汽车的用户，看到这些实实在在的提高和进步，由衷感到高兴，也对我们环游中国的行程更加有信心。

在这一路上，通过我分享的帖子，有越来越多的车主向我咨询并提出自驾路线规划，或分享新能源汽车的自驾经验和充电点规划，也有更多的新能源车主正开始他们的自驾之旅。

我想这也是本书出版的意义吧。作为一个新能源汽车的探路者，为大家趟个道儿，并记录和分享这一路的路线规划、充电点，以及旅行路上有意思的人和事，给大家点儿建议和提示。当然了，最重要的还有——信心。

每个人都有自己心中想要的生活，就算一时不能如愿，也请心怀梦想。

公路蜿蜒伸向远方。仿佛有看不见的电流经过，令它充满能量。这能量源源不断地注入我的新能源汽车和我们心中，带着我们一路向前，奔向远方。

我是勤奋的 MAC，曾经的广告策划人，现汽车之家论坛红人馆的一员，新能源汽车环游中国的自驾旅行爱好者，喜欢用镜头和文字记录旅行经历的分享者。

我们路上见！

勤奋的 MAC

目录

青海湖
二郎剑

再次出发，
一样的心情，
不一样的相遇

距离上次开着新能源汽车远行，不知不觉已经一年了。

三亚的海。
YAMAHA

海南陵水海边的清晨。

大理三塔

一年前的沿海之旅仿佛还在眼前。潮湿的海风，跨海大桥，沙滩和椰林，每次想起这些，心里都会有什么东西不断滋长，提醒着我再一次启动车子，踏上旅途，用车轮丈量这片脚下的大地。

上一次的旅行我们选择了沿海和中部的一些城市，路线规划地比较保险。这次我们打算尝试一条有些难度的路线。

仍是我和爱人（包子）两个人，一台新能源汽车，从北京出发，一路向西，经山西、内蒙古、宁夏到达青海，再向南，途经甘肃、陕西、四川、重庆、贵州、广西，最后到达目的地广州。

因我国北部和西部的一些地区，充电资源相对比较匮乏，这对新能源汽车来说是个挑战，也是我们有所担忧之处。

而路线设计上，从北到西，从西到南，这一路可以穿越四季，在同一时间段，看到不同的风景，感受不同民族的风土人情。对此，我们充满了期待。

最后一站我选在广州，是为了满足包子的一个小愿望。上一次去广州时很匆忙，没吃上广东早茶，她一直跟我念叨。因而这次，我计划在她生日时到达广州，带她吃上心心念念的广东早茶。

我不太懂得浪漫，我的表达方式可能也不够特别，但我一直觉得互相的陪伴，尽量实现对方的小愿望，是我们之间最默契的表达。

行程定好了，却有个新的问题摆在面前：
我订购的新车还没有交付，所以计划的行程只能一再顺延。眼看天气转冷，不免焦急起来，难道今年我们的自驾之旅只能暂时搁置了吗？

终于，我和包子做了一个决定——租车出行。

租车可以马上就出发，不再等待煎熬，还可以尝试一款我感兴趣的车型。

在选择车辆上我考虑了一阵子，因为是长途自驾，车的续航可靠性和安全性都要靠谱。又因为行程不短，租车的价格也不能太高，所以几经比较，最后选择了吉利几何 A，来完成我的这次自驾旅行。

↑ 租车前我先把所有新能源汽车的评测在汽车之家网站上都看了一遍，最后选了吉利几何 A。

几何 A 是吉利旗下的独立新品牌——“几何汽车”首款全新紧凑型纯电动汽车。我这次选择几何 A 出行，是因为在国产新能源汽车里，它有不错的性价比，而且它的续航稳定性也比较好，续航里程有 410 公里和 500 公里两种。我选的是 500 公里的，但因北京车行暂时没车，我们先开 410 公里续航版的，途中车行会给更换为 500 公里续航版的。

第一眼看见几何 A，它的外形不是特斯拉那种很张扬的类型，但整体看上去挺有未来科技感的。车头上半部分是封死的，下半部分是主动进气格栅，可以根据工况不同，自动调整角度，这设计很“新能源”。门把手采用的是隐藏式设计，也能一定程度上降低风阻、节约能耗。

18 英寸多辐式轮毂是顶配版特有的，轮胎是倍耐力 195/50 R18，这个尺寸一般很少见，偏窄的轮胎也是为了更好地节能来提高续航里程。它搭载了一台最大功率 120 千瓦（163 马力）、峰值扭矩 250 牛 · 米的永磁同步电机，0～50 公里 / 小时的加速时间是 3.8 秒。

进入车内，内部设计以灰色为基调，干净、素雅、简约。

抬头显示（HUD）展现的信息很全面，包括辅助驾驶、时速、限速、导航等，这样就不用低头看仪表盘了，在驾驶时会更安全。

中控大屏尺寸 12.3 英寸，界面设计（UI 设计）简洁，逻辑也挺不错。

前排座椅调整到我（本人身高 178 厘米）比较舒适的位置，头部空间大概一拳多，如果打开天窗的遮阳帘，大概能到两拳。

前排保持我刚才调整好的位置，后排腿部大概是两拳多，头部空间大概三指，座椅有三个头枕，车内空间整体表现还是可以的。

后备箱整体空间比我想象中要大，放下一个 28 英寸的箱子，两个大背包和一些杂物后，还有不少富裕的空间。车上自带了一些应急装备（充气补胎一体机 / 便携式随车充），以我之前的出行经验来说，已经够用了。

几何 A 在车内用料上是一大亮点，大量采用了环保材料，车内没什么异味，对我这种鼻炎患者来说是非常友好的。

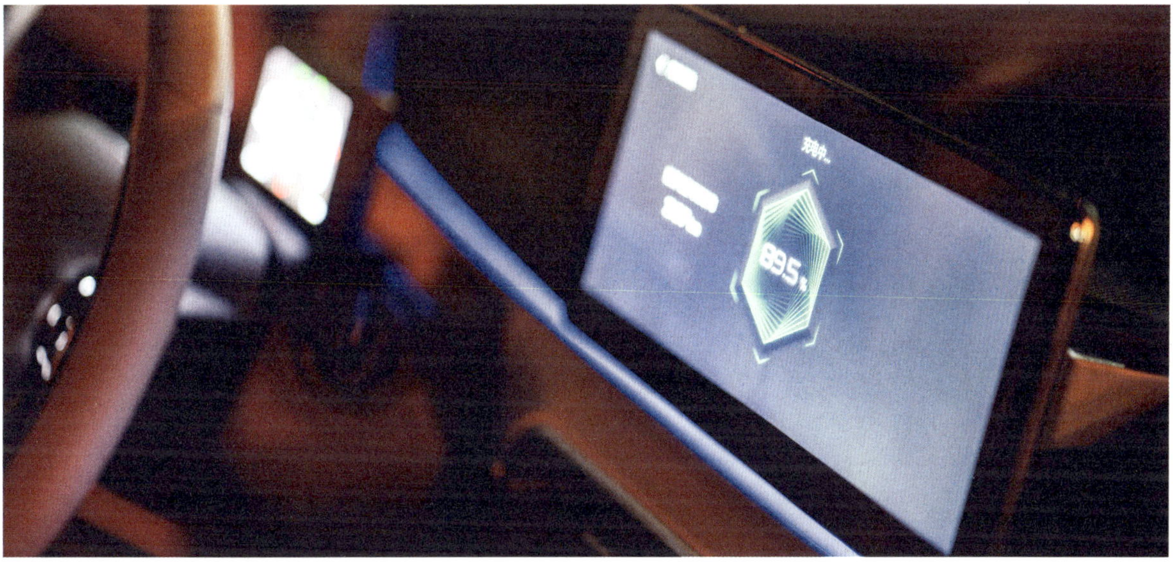

充电完成，静静等待明天的出发。

对自驾游来说，选对一辆适合的车就已经成功了一半。“适合”并不是性能和配置要达到多么极致的标准，而是根据你的旅行风格、路线、偏好、习惯、预算、人数等，选择最适合自己的车。

通过之前的查阅资料，我已经对几何 A 有了比较全面的了解，而见了面之后就更加确定，它正是我们所需要的。我们已经开始叫它“小 A”了，我们的新朋友，初次见面就深得我心，期待它在即将开始的旅程里，带给我们更多惊喜。

长途旅行，还有一些必备的装备，大概有这几类。

摄影装备：

对于我这种“老法师”（包子对我的戏称）来说，别的东西带不带无所谓，但是摄影装备一定要带齐全了。

我的主要拍摄设备：

Sony A7 M3+GM70-200 长焦，

Sony A7 m2+GM16-35 广角，

一个人像镜头蔡司 85-F1.8。

空拍设备：

大疆御无人机，从高空俯瞰世界。

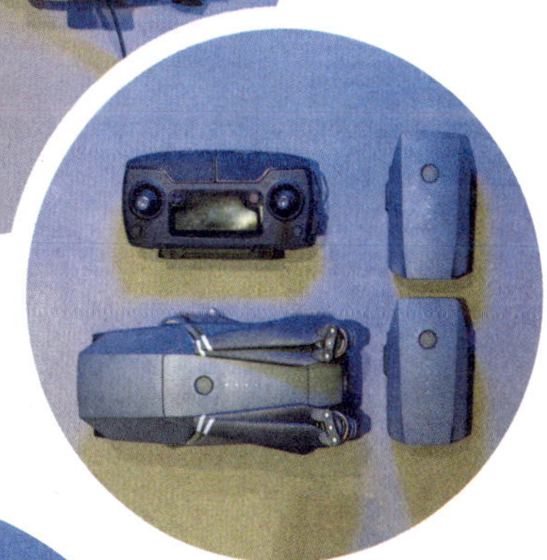

还有一些相机配件：

阿童木监视器 ATOMOS SHINOBI，

隐刃监视器（支持 3D LUT），

一条相机快门线，

为了视频录制，我还带了 Sony 小蜜蜂来收音。

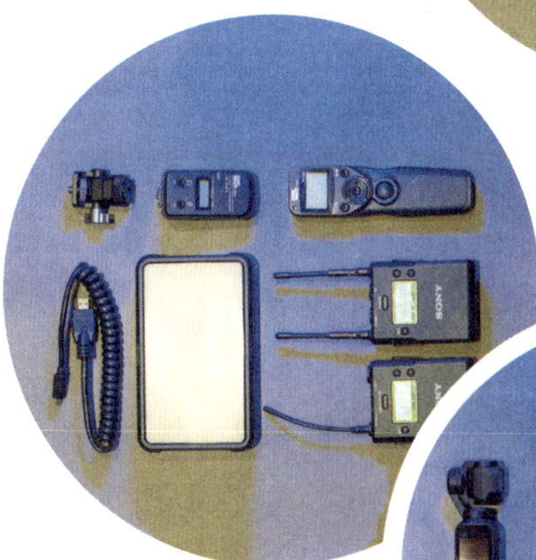

随手拍设备：

一个大疆 Osmo pocket，两个手机。

后期处理设备：

苹果的 MACBook pro。

衣物：

带的衣服都是秋天的，衣服都可以叠穿，这样既便于穿脱，又不用带太多。还带了暖宝，实在太冷的时候我们就打算把身上都贴满。

洗漱用品：

洗面奶、擦脸油、防晒霜等，牙刷（我出去都会自己带牙刷，比较环保）。

药：

包括常用的感冒发烧药，治拉肚子和上火的，还有治嗓子疼和鼻炎的药（主要是一换季我的鼻炎就会加重）。

基本就这些，其实越经常在外面跑，我越觉得装备一定要精简，只带必备的，轻装出行。

不管去过多少地方，每一次出发前我都会激动和忐忑，这就是自驾的魅力吧。旅途中不期而遇的人，不期而遇的风景，不期而遇的故事，每一天都是未知而全新的体验。

1

看不够的千年古城，吹不散亿万年前的风

本站摘要

从大同，一座自秦汉建立的古老名城，到叹为观止的乌兰哈达火山群，再到另一座古都呼和浩特，时空交错，跨越千年。

App 上查不到充电桩也难不倒我们，载满能量的小 A，冲冲冲！

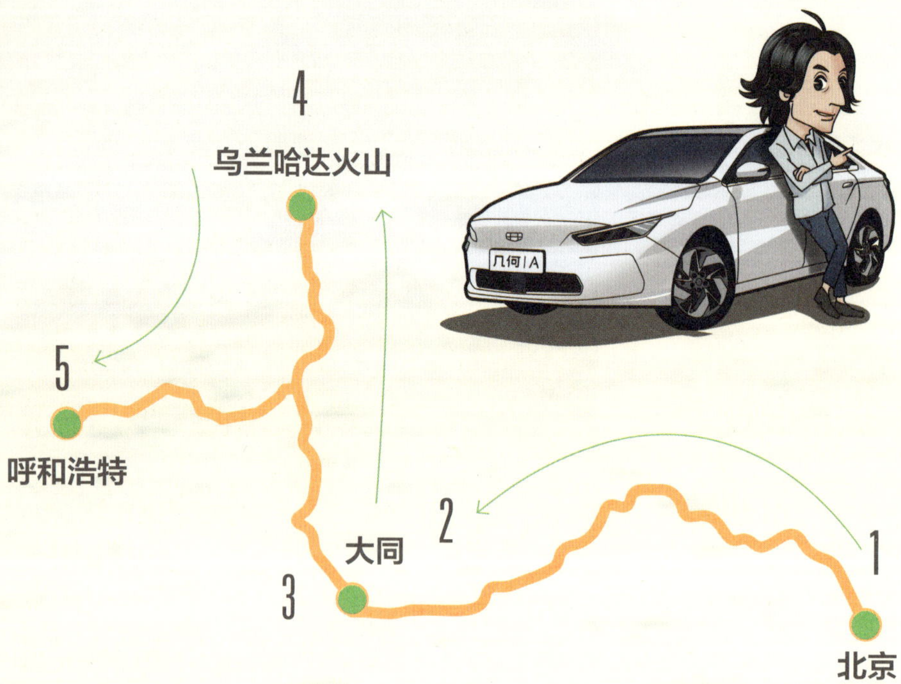

总充电费用：221.75元

总行驶里程：967 公里

本站行程

北京—大同—乌兰哈达火山—呼和浩特

1 北京：鸟巢 / 国家电网 / 直流

2 大同：方特停车场 / 国家电网 / 直流

3 大同：古店高速服务区 / 国家电网 / 直流

4 乌兰哈达火山：乌兰察布集宁 / 合康充电桩 / 直流

5 呼和浩特：包钢海德酒店 / 特来电 / 直流

1 / 看不够的千年古城，吹不散亿万年前的风

晚霞映衬下的大同古城。

日落时分的大同古城格外宁静。

漫步大同古城，品尝历史味道

9 月下旬的北京已进入秋天，此时夏暑退场，正是冷热相宜、秋高气爽的好时节。

晴朗的天空让人的心情也格外爽朗，更不用说我们这就要开始一场盼望已久的旅行了。

京藏高速清河收费站。

我们计划当天到达大同，虽然行程并不长，但为了错开上班高峰，我们还是早上 6 点多就从家里出发了。

启动小 A，开上公路，汇入车流。旋转的车轮仿佛我们此刻的心情，急切地奔向未知的远方，投入这宽广的天地间。

北京，我们冬天再见了！

以我之前自驾的经验来说，长途出行，先进、好用的智能辅助驾驶系统会让人轻松不少，比如“抬头显示”“读取限速牌”“和前车保持车距”等功能。享受之余不禁感叹科技进步带来的便利。

从北京到大同的高速公路上，很多服务区都有国家电网的充电桩，都是直流快充。不过小 A 的电量完全能妥妥地到大同，中途可以不用充了。

中午我们到达了大同，我选了个顺路的地方充电。

大同方特停车场 / 国家电网 / 直流，充电快，要停车费。

我们是出发前一天晚上充的电，第二天早上看少了 2 公里，一晚上自耗还是挺低的（我之前那辆特斯拉一晚上自耗 8~10 公里）。

从北京到大同大约 340 公里，一路上开空调、自动辅助驾驶、听歌，大部分时速 90~100 公里（根据限速），到大同后还剩余 54 公里，小 A 的里程计算挺准，和实际驾驶的差不多。

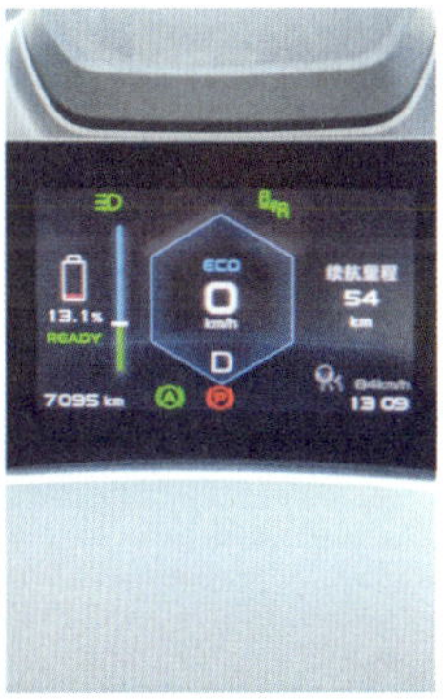

充好电，我们来到了大同古城。

大同古城，自秦汉建立城邑，距今已有两千多年的历史。它曾是北魏的都城，辽、金陪都。这里作为北魏拓跋氏的都城之时，就已经修筑了规模宏大的城池。在明洪武五年，也就是公元 1372 年的时候，大将军徐达在旧城基础上增筑，形成了今天看到的大同古城墙。

不过，由于战乱等原因，大同古城墙曾多次遭到不同程度的毁坏。2008 年，大同市对百分之七十遗存的古城墙包砖修复，修复后的古城墙雄伟壮观，特别是夜幕降临、华灯初上之际，古城夜景更为迷人。

1 / 看不够的千年古城，吹不散亿万年前的风

我们就在这古城入夜时分，来到了很有当地特色的历史餐饮名店——凤临阁。该店始创于明朝正德年间，迄今已有近 500 年的历史了，因明代“游龙戏凤”的故事和清朝“百花烧麦”的佳话而闻名于世。

感觉来这里吃的不是饭，而是把这几百年时光的味道吃下去了。

这就是凤临阁的主打主食——烧麦，里面有汤汁，吃的时候小心烫。

据说烧麦就起源于大同，在明朝代王府建成之后，府里就开始制作烧麦。后来民间的各大饭店也开始制作各种馅的烧麦，其中以凤临阁做得最好，有“天下第一笼”的美誉。

酒足饭饱之后，我们在这古城里好好走一走。快到十一假期了，到处都在为庆祝活动做准备，满街浓浓的节庆气氛。

从古城出来沿着城墙的外围走，可以上城楼登高远眺。

因为每天都要早起赶路，晚上也会尽早休息，因此每次长途旅行都可以调整我们的不良作息规律，早睡早起，这也算是旅行的一大益处吧。

第二天我们来到了云冈石窟，它位于大同市西郊 17 公里处的武周山南麓。一进来就会看到这座雕像，这是北魏僧人昙曜，也是云冈石窟的开凿者。

云冈石窟的开凿是从文成帝和平初起，一直延续至孝明帝正光止，前后花费了 60 多年时间。

到如今云冈石窟已历经了 1500 年的时光流转，看着这些佛像，总有一种穿越感。这 1500 年来不知有多少人和我一样站在这里，面对这些佛像，在它们俯望众生的目光里，品读着历史的沧桑味道。

这里不仅佛像雕刻精美，壁画也是美轮美奂，可是总会看到一些不和谐的东西，有些人在壁画上刻字，这应该是没有做防护措施前游人刻上去的。心疼这些千年壁画，躲过了战乱，扛过了时间，却没逃过“到此一游”的厄运。

石窟的洞里是不允许照相的，因此分享给大家的很少，这里值得来一趟，好好地欣赏。

傍晚回到大同古城，今天的天气特别好，夕阳无限美。

夜幕降临，扛着两个相机在
古城里转悠了一圈还挺累的，
我们回到小 A 上休息一下。

↑“你站在桥上看风景，你却成了别人眼中的风景”。

↓在小 A 的心情氛围灯中放松一下，有 7 种颜色可选择，包子挑了一个她喜欢的蓝色。

和陽街

1 / 看不够的千年古城，吹不散亿万年前的风

在乌兰哈达火山口感受亿万年前的风

今天我们打算先到乌兰哈达火山群，然后直接去呼和浩特，这样全程要 400 多公里，中间需要补一下电。

我来之前通过 e 充电、特来电、星星充电等常用的 App，都没有查到这里有充电桩。以我之前的经验，有电的地方总能充上电的，于是就大胆地往这边开了。差不多到乌兰察布的时候，我在地图上搜索了一下“充电桩”，结果就找到了这里。

这是乌兰察布集宁合康充电站，位置在察哈尔右翼前旗北京天朗橡塑设备有限公司乌兰察布分公司对面。到了这里，给充电桩上贴的电话打过去，会有工作人员过来刷卡充电。

一边充着电，我们一边打开自备的方便餐，吃完饭，电也充得差不多了。

← 在刚出大同的古店高速服务区充满电。古店高速服务区 / 国家电网 / 直流。

← 乌兰察布集宁 / 合康充电桩 / 直流。

补好电出发，往乌兰哈达去的路上景色已经开始不一样了。

这里是距离北京最近的火山群。没有门票，一大片火山群绵延不绝。

我们先到 3 号火山（这里要收取停车费）。这里四下空旷，没有一点儿荫凉，大家记得来之前一定要做好防晒工作。

如果说大同古城将我们的思绪带到了遥远的两千多年前，那火山群则把时间跨度一下拉长到了亿万年。是啊，与地球和自然相比，人类的历史只是短短的一瞬而已。

乌兰哈达火山群，是 1 亿多年前火山爆发形成的死火山，最近的一次喷发距今大约 6000 万年。

游客可以沿着步道走到火山口，一探火山里面的究竟。

这算是从北京出发后，小 A 第一次带我们脱离城市。

四下寂静无人，只能听到风声从耳畔掠过。想象着亿万年前火山喷发时山崩地裂的震撼景象，如今却早已平复，归于沉寂。只有这静静伫立的火山口和风声，诉说着这片远古大地沧桑巨变的历史。

要不是今天要去呼和浩特，真想在这儿静静地待上一晚。

豪迈的塞外古都——呼和浩特

到了呼和浩特，耳边又重新嘈杂了起来，城市的车水马龙一下都回来了。

奔波了一天，还是先填饱肚子要紧。这里饭馆的肉量是真的实在，我点的是在北京两个人的量，在这儿却总也吃不完。包子形容这里的盘子为“聚宝盆”。

晚上回到酒店休整一下，洗洗衣服。

← 这里是我们住的亚朵酒店的洗衣房，很干净。

小贴士：

在酒店洗衣服，一定扒开这里看一下，干净的话就可以放心洗了。

出发以来第一次睡了个懒觉，前一天的奔波辛劳已消除了大半。洗漱完毕，我们来到了呼和浩特市里的清真大寺。

呼和浩特的建城历史可追溯至 2300 多年前的战国时期。作为一座千年古都，它不仅是“胡服骑射”的发祥地，昭君出塞的目的地，鲜卑拓跋的龙兴地，旅蒙商家互市之地，也是游牧文明和农耕文明交汇、碰撞、融合的前沿。

清真大寺是呼和浩特市原有的八座清真寺中，建筑年代最早、规模最大的一座。它的建筑风格有中国传统楼阁的味道。

已到了国庆假期，街上很热闹，随处可见庆祝活动。

离我们住的地方不远就是大召寺。它位于呼和浩特市玉泉区大召前街，始建于明朝万历七年（1579 年）。

大召寺的门口是阿勒坦汗的雕像。阿勒坦汗又译作俺答汗，是成吉思汗的后裔，他征服了瓦剌青海，与明朝互通贸易，促进了当时蒙古部族经济文化的发展。

在去下一站前，给小 A 在包钢海德酒店的特来电充电。包钢海德酒店 / 特来电 / 直流。

在充电前，看了看我们这几天的平均电耗，还挺低的，才 11.5 千瓦 · 时。

给小 A 做“短暂休整”后，我们下一段的旅程又要开始了。

↑ 充电的时候，旁边在充电的货车司机对小 A 很感兴趣，问了我好多问题。他说在呼和浩特新能源的货车不限行，比开燃油车方便。

↙ 好几天没洗车了，给小 A 好好洗个澡。

↓ “十一”假期高速免费，这种畅快感只有享受到这个福利，又没有被堵在路上的人才能体会。

2

撒野草原与沙漠，穿梭现实和梦境

本站摘要

内蒙古不仅有草原，还有沙漠、戈壁。在巴彦淖尔我第一次在蒙古包里享用大餐，第一次和沙漠有了近距离接触。

一路向西，我当了一回至尊宝，来到和紫霞仙子相遇的地方。

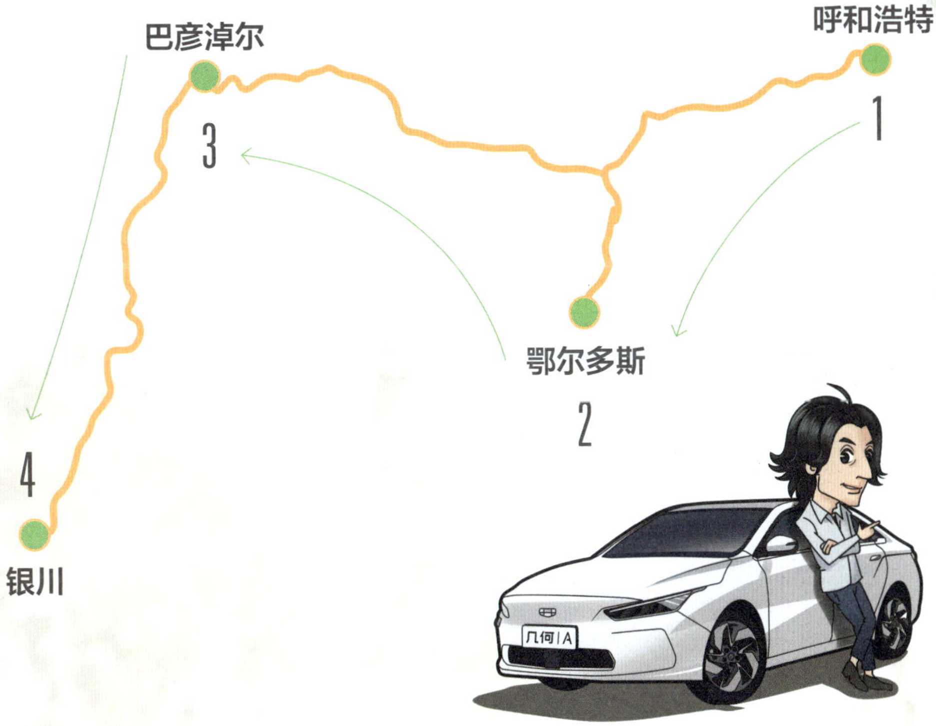

总充电费用：353.61 元

总行驶里程：1879 公里

本站行程

呼和浩特 – 鄂尔多斯 – 巴彦淖尔 – 银川

1. 呼和浩特：包钢海德酒店 / 特来电 / 直流
2. 鄂尔多斯：东胜区奥林网球馆 / 东畅充电桩 / 直流
3. 巴彦淖尔：公交车充电站 / 直流
4. 银川：国家电网 / 亲水大街新华百货停车场 / 直流

电动公路
ELECTRIC HIGHWAY

来到这片广阔天地间，不放纵的野一下就不算真正来了内蒙古。
虽然我开的小 A 是轿车，也带着我过了一把越野的瘾。

去往苏泊罕大草原的路上。

鄂尔多斯“半靠谱”充电也阻挡不了我前进的车轮

这一站我们先到了鄂尔多斯。

出发之前查找充电点的时候，我发现内蒙古可真是个充电困难的省份。在各种常用的 App 上基本查不到充电点。后来发现到达目的地后，在地图上搜索“充电桩”，可以找到一些充电点，不过不是每一个都靠谱。

在鄂尔多斯我们跑了 3 个地方，才找到了这个“半靠谱”的充电点。说“半靠谱”是因为，这里有 4 个快充，其中两个是内部用的不对外。而来这里充电的车又比较多，有的车充完了人不知去向，也不把车开走，后面的人就只能等待。可能因为电压的问题，虽然是快充，充得也比较慢。此外还有两个慢充。

快充没位子，我只能先插上慢充，边充边等位了。

↓ 东胜区奥林网球馆 / 东畅充电桩 / 直流。

在这里充电要扫二维码关注微信公众号，简单注册一下，然后充钱（钱用不完可以原路退回）后扫码充电。

来鄂尔多斯的第二天，就开始下雨了，在这儿我真的体会到了“一场秋雨一场寒”。感觉一下就从初秋进入了深秋。

这场雨不但冻得我们猝不及防，还打乱了原定的计划。

在“冷冷的冰雨”中，我们来到了响沙湾。响沙湾地处著名的库布齐沙漠最东端，是距离北京比较近的沙漠旅游胜地，因“这里的沙子会唱歌”而得名。

在广袤浩瀚沙漠边缘，响沙湾的那句广告语不由得在心底回响“我是一粒沙……”。

我们虽然到了这里，但因为刮风下雨就没有进去。

← 在响沙湾发现了充电桩，在莲花酒店停车场，也是东畅的。

突然的冷空气让胎压也过低了。

还好我有随车“法宝”——补胎充气一体机，不用满大街的去找修车点打气了。

小贴士：

大部分新能源汽车都没有备胎，厂家一般都会随车赠送一个补胎充气一体机。如果没有随车赠送的话，我建议也最好买一个放在车上，这样不管是平时还是自驾出行，都会更加安心。

昨天的一场秋雨过后，碧空如洗，云朵一团团的好像羊群聚聚散散，这才是草原上该有的天空吧。

来内蒙古怎能不去草原看看，今天我们的目的地是苏泊罕大草原。

◀ 苏泊罕大草原运送游客的交通工具，是拖拉机改造的，看起来很帅气。

↓ 一路颠簸来到了下车点。

因为季节的缘故，没有看到“风吹草低见牛羊”的景象，但也是“天似穹庐，笼盖四野”。

这只小羊看起来心情很好的样子。

呆萌的小马。

“十五的月亮升上了天空，为什么旁边没有云彩”。看见敖包，《敖包相会》的旋律就不自主地回响起来。

草原上还有各种游乐项目。

骑骆驼项目。

滑沙，一片小小的沙坡已足够让小朋友们玩得不亦乐乎了。

虽然没有呈现我心目中完美的大草原美景，但对于久居城市的人来说，眼前的开阔就足以生出更多遐想。就把这份遐想留给下一次的行程吧。也许正因为看不够、没看完、有遗憾，所以我们的脚步不止，永远有下一次出发的动力和期待。

西斜的太阳在云层里看起来有些朦胧，已经是下午 5 点了，我们开始返回酒店，明天还要早起开往巴彦淖尔。

在巴彦淖尔第一次开车冲沙，打开了小 A 的另一面

“起了个大早，赶了个晚集”。虽然我们早早的就出发，却在高速进来没开多远就堵上了。导航里的一条深红的线让人心情不免有些烦躁。

只能打开音乐来平复心情了。车终于在两个小时的缓慢行进中通过了拥堵路段。原来这里刚刚发生了重大车祸，车的碎片撒了一地，看着让人心惊肉跳。出门在外安全第一，每次看到这种事故现场，都仿佛给路过的司机上了一堂安全教育课。

本想中午就到巴彦淖尔，这下中午饭只能在高速上解决了。

突然发现小 A 的中控台平得像小桌板，而且这个“临时餐桌”刚好可以放下两盒方便面，难道设计师就是这么设想的吗？

开往巴彦淖尔的高速两边，基本上都是沙漠和戈壁。

小 A 在高速上时速为 100 公里左右的时候，会有一些胎噪，不过车整体的隔音效果我觉得还是不错的。

快到巴彦淖尔时会经过黄河。这里位于黄河的“几”字弯上，在黄河水的灌溉下土地肥沃、物产丰富。巴彦淖尔也是中国的“粮仓”之一，有“塞上粮仓”的美誉。

因为堵车，进入巴彦淖尔时已下午。红人馆的朋友 @ 颜值爆表杨杨杨的家就在这里。他帮我提前找好了充电点，但这个地方是慢充，超慢的那种，如果不赶时间可以过来。

↓ 临河政府停车场充电点。

趁着充电的时候吃饭，好像已经是我们的惯例了。

在一个陌生的地方，有个你认识的朋友，会突然让人很有安全感。

← 公交车充电站 / 直流。

↙ 从北京开来的几何兄弟。

充电贴士：

在这个公交车充电站充电，需要打充电桩上的电话，工作人员会告诉你去哪里交押金，准备好现金，充完电按电费交钱，他们再把押金退回来。

这里不是 24 小时对私家车开放的，晚上要给公交车充电。如果我记得没错的话，私家车 8：30 ~ 18：00 都可以来充。

第二天，在当地的公交车充电站，居然遇到了我们的几何兄弟，他们也是从北京开来的，最终目的地是额济纳旗。

在很多人还觉得新能源汽车不能远行时，已经有一群朋友开始了他们的行程，在距离北京千里之外与我们偶遇。

很多人对新能源汽车有“里程焦虑”，总觉得不能远行。其实只要事先做好一定的功课，多一些计划，新能源汽车一样是畅通无阻的。积累了一些经验后，会有整个行程尽在掌握的成就感，也会让你更懂你的新能源车朋友。

这条公路一直延伸到阴山山脉脚下。

前面就是阴山山脉，阴山在蒙古语里为“达兰喀喇”，意思是“70 个黑山头”。

我想起小时候背的一首唐诗《出塞》，“秦时明月汉时关，万里长征人未还。但使龙城飞将在，不教胡马度阴山”。一想到这首诗我就“老泪纵横”，因为最后这句“不教胡马度阴山”，我当时总是卡壳，为此不知被父母揍了多少回，直到现在成为我记得最清楚的一句诗。而现在我就真的来到它脚下了，心中真是悲喜交加。

我发现很多公路的开头都很美好，越往前开往往路况越糟。超载的大车常年碾压、公路维护不及时等，常造成路基路面损毁严重。

一路坎坷，终于来到了 @ 颜值爆表杨杨杨今天要带我们来的“阿贵庙”，这是一座喇嘛庙。

“阿贵”在蒙古语里的意思就是“山洞”。这座庙就在山上的石洞里，有一位老师父常年在这里。庙门很小，进去时需要低着点头。一进到里面就有一种庄严、安详的感觉，让人心绪沉静。

在内蒙古有两个阿贵庙，一个在鄂尔多斯，另一个就在这里。它们都是内蒙古最古老的庙宇群，体现了古代劳动人民的智慧和对神灵的敬畏。

返回的路上 @ 颜值爆表杨杨杨问我，在戈壁上这条坎坷的路上开得过不过瘾，我听得有点蒙，预感他在酝酿着什么特别的计划。

我的预感很快就得到了证实。在他神神秘秘的领路之下，一片沙漠地带出现在我们眼前。原来这里还有更过瘾的玩法。

冲沙，这不是越野车玩的吗？底盘不高的电动轿车小 A，加上冲沙新手的我，能通过这个考验吗？

即便如此，心底还是升起兴奋之情，摩拳擦掌、跃跃欲试。我遵循着“快走沙，慢走水”的原则，在他的指导下冲上了一个较缓的坡。

一把就成功了！是我有天赋还是小 A 有天赋呢，或许都有那么点儿吧！

第一次近距离接触沙漠，第一次开车冲沙。虽然考虑到我和小 A 的实际情况，没有去尝试冲难度系数更大的坡，但这小尝试已让我的巴彦淖尔之行充满了惊喜。

我们在这片沙地里玩了大半天才恋恋不舍地离开。

要不是 @ 颜值爆表杨杨杨的“预谋”，也不会有这次冲沙的惊喜。

↑ 牧民自制的羊酸奶，那叫一个浓郁酸爽，要多放些糖来中和酸味。

↗ 炒米是喝奶茶必放的，香香脆脆的很好吃。

没有什么比痛快地玩了一天后的大餐，更让人心满意足的了。在 @ 颜值爆表杨杨杨推荐的这家牧民的蒙古包里，我们吃了一顿正宗的蒙古餐。

这次我总算小小的过了一把越野瘾。可能在很多越野玩家眼里这不算什么，但我始终觉得，能不能远行不在于采用哪种交通工具，而在于你有没有一颗想去远行、向往远方的心。能不能越野也不在于车的越野性能有多优异，而在于你能否突破限制，勇于尝试，并体会到其中的乐趣。

不要让观念和成见的条条框框限制了想要尝试和体验的心。

当然了，要在安全的基础上。

我在银川的七彩祥云下当了一回至尊宝

快到银川市区的时候，无意间看到了天上的七彩祥云，虽然只有小小的一块，但很漂亮。

到了银川市区后，我在导航上选了个比较顺道的充电点充电。我发现这里充电特别便宜，充了 43.3 度才 39.26 元钱。

↓ 国家电网 / 亲水大街新华百货停车场 / 直流。

电动公路
ELECTRIC HIGHWAY

不过，我来银川的目的，其实是因为《大话西游》。

这里就是银川镇北堡西部影视城，电影《大话西游》的拍摄地。

镇北堡西部影城距离银川市 35 公里，是在一个原始古堡的基础上修建的。电影《红高粱》《刺陵》等著名影视剧都是在这里取的景。

这里就是至尊宝将紫霞仙子的宝剑拔出鞘的地方。

一切都感觉那么熟悉，又恍若隔世。

“带上金箍以后，你就不再是个凡人。”

→ 感谢红人馆@蚂蚁鱼头的PS，求高人再给我P个金箍棒。

3

打卡青海湖，惊艳麦积山

本站摘要

这一次到了此行的最西点青海西宁，在青海湖边和雪山上打卡，也算是小小了却了我还没有去过西藏的遗憾。青海过后曲折南行，兰州的一碗拉面，让我体会到这个城市独特的味道。而在天水麦积山上，小飞虫引发了我们夫妻俩旅途中的第一场“战争”。

总充电费用：**239.28** 元

总行驶里程：**1525** 公里

本站行程

银川 – 西宁 – 兰州 – 天水

1. 银川：兴庆区凤凰北街 327 号海宝充电站 / 国家电网 / 直流
2. 白银：银西工业园公交充电站 / 特来电 / 直流
3. 西宁：城东区海西西路 1 号南小街地下停车场 / 优易充 / 直流
4. 兰州：镜创特来电 / 直流
5. 天水：天水南站停车场 / 特来电第三方 / 直流

特别说明

兰州对燃油车有尾号限行，对外地车也不例外，还有早、中、晚高峰限行。我打电话咨询了一下，说对新能源汽车没有任何限行。

朋友们说，我称自己为“新能源探路者”，这个定位还挺准的。因为我做了他们想做却还没有做的事，为他们趟了道儿。之后他们也许会沿着我的“轨迹”开始自己的旅程，也会有信心走得更远。这也是我分享的目的，希望新能源车友们不要在观念上局限住自己的脚步。心向往远方，路就在脚下。

兰州黄河上的中山桥。

青海湖边。

青海，一个我待不够的地方

又是一段长途旅行的开始。

没来过西北之前，有些人或许会担心充电设施不够完备，事实上，这一段旅程我走得十分顺畅。

↑ 银川 / 国家电网 / 兴庆区凤凰北街 327 号海宝充电站 / 直流。

↗ 银川的国家电网充电点，可在 App 上查看。

→ 白银市银西工业园公交充电站 / 特来电 / 直流。

充电贴士：

很多人觉得新能源汽车只能在大城市开，担心长途旅行会找不到充电点，其实随着公交电动化，很多地方都有公交车充电站，并且大部分都是对外开放的。之前在巴彦淖尔就是在公交车充电站充的电，这次在白银也是，这里的充电环境很好，充电桩有 100 多个。

从银川到西宁有600多公里，中间路过白银的时候，我们决定停车休息会儿，顺便补点电。

在白银银西工业园公交充电站，需要找这里的工作人员过来刷卡充电（工作人员就在大门旁的小房子里），之后可用微信、支付宝或现金结账。

西宁城东区海西西路 1 号南小街地下停车场 / 优易充 / 直流。

充完电、吃饱饭继续赶路，按原计划到了西宁。在西宁我们用上了之前很少用的优易充 App，这个充电点在一个地下停车场内，充电桩挺多。

充电贴士：

西宁的大部分出租车都是新能源汽车，这边很多充电桩都有出租车专位，都会有标注，停车充电的时候需要注意一下。

说好的到青海要继续野的，那我们就事不宜迟，向着青海湖的方向，出发！

“黄河之水天上来”，青海号称“中华水塔”，哺育着中华文明的黄河、长江、澜沧江从这里出发，沿高原奔流而下。这片广袤的水域自古以来就被称作“海”，青海湖的藏语名“措温布”、蒙古语名“库库淖尔”，均意为“青色的海洋”。这是生命的色彩。

青海湖很大，围绕湖边有好几个景点，我们要去的是二郎剑风景区。从西宁市出发，有一定的路程，但一路上的美景让人目不暇接。

随着离雪山越来越近，温度也开始明显下降。

路上时间宽裕，先钻到小道上寻寻风景。

这里属于藏区，停车的时候，我们跟一位路上遇到的藏族大叔打了个招呼，跟他说他们这儿的风景很美，我挺羡慕他们的。大叔不以为然，觉得这有什么可美的！

没见过的风景总会觉得新奇，天天在这儿也就不觉得什么了，旅行无非就是从你待腻的地方到别人待腻的地方，看来还真是这样的。

常年在工作的压力中挣扎，用了多年的努力才换来了今天的自由。其实长途自驾有时也会觉得挺累，但一看到这样的风景，觉得一切都是值得的。我希望人生是丰富多彩的，能走遍别人待腻的地方也是一件挺牛的事。

抬头看见天空中一只鹰飞过，这好像是我第一次在自然环境下看见它。和在动物园里被圈在小小空间里的鹰不同，没有倦怠和呆滞，它们挥动宽大的翅膀，在天地间自由地上升、盘旋、俯冲，王者一般俯视着自己的领土。看见它又一次让我感受到，我已远离都市，实实在在地站在一片充满灵性和野性的土地上了。

不过有它在我就不放飞我的无人机了，万一被它叼走可就麻烦啦！

→“凌空长啸千林静，贴地横驰万草摇”。

当我还沉浸在雄鹰带给我的震撼时，包子老师叫我，说路边有很多沙棘树。

这些沙棘树都是野外自然生长的。我们平时买来喝的沙棘汁觉得酸中带甜很好喝，但那是经过加工后的味道，野生沙棘其实酸度相当高。我们俩一人摘了一小把，一下放在嘴里……你们脑补一下这个画面吧，有时人犯起傻来真是不知道说什么好。

被沙棘的酸爽“暴击”过后，我继续往青海湖边开，没过一会儿就到了。

当“青海湖”这三个字出现在眼前时，瞬间觉得有点像在梦中。我真的开着这辆新能源汽车，从北京一路4000多公里到了这儿。无法求证我们是不是第一辆从北京开到这里的新能源汽车，但到达这里就足以让我们兴奋不已了。

青海湖和雪山都近在咫尺，人生真的需要来一次放飞自我的旅行。

二郎剑景区位于青海湖东南部，因距离西宁151公里，这里又被称为151基地，景区大门位于109国道边，现在已成为青海湖最重要的景点之一。

围绕青海湖边有几个国家电网的充电站，二郎剑景区就有一个。

没到这里前我还有点担心，不知道这个充电站靠不靠谱，试了一下充得特别快，还有专门的管理人员，手动点个赞。

这一路我感受到了我国新能源基础设施的建设和推广速度之快，给像我这样的自驾者带来了极大便利，充电真的再也不是局限我们脚步的理由。

→ 二郎剑景区 / 国家电网 / 直流。

进景区后，很快走到青海湖边，里面有码头，可以坐游轮游青海湖。湖中有一个王母娘娘塑像，离岸几百米远的地方，有一个鱼雷实验基地旧址。湖水浩渺，水鸟展翅，湖边的水域里，有游客骑水上自行车开心地玩耍。

很多游客排队在“青海湖 · 二郎剑”的石碑前留影，算是打卡了，这是各大景区常见的景象。其实偌大的青海湖，比二郎剑风景好的地方很多，建议多留出一些时间走走。青海湖也是骑行者的天堂，沿湖专门开辟有自行车道，值得体验。

返回西宁的途中遇见了一大片羊群。

这边是牧区，和在内蒙古的时候相似，总是会遇到这样的情形，浩浩荡荡的羊群在路上走走停停，它们才不在乎你是否急着赶路。中间一度它们干脆停下来，用无辜的眼神看着你。

但正是拜这群羊所赐，我看到了“月出”。

天色渐暗，在有些颠簸的返程之路上，大如银盘的月亮就那么从山后升起，挂上半空，洒下满地银辉。而在北京，就连八月十五前后，我都没见过这么大的月亮。

这轮高原圆月也告诉了我，也许你当下遇到的，正在经历的就是最好的安排。要不是那群赶也赶不走的羊，我们又怎能与此刻这一动人美景相遇呢。

第二天清晨，在淅沥的雨中我们来到了塔尔寺。

塔尔寺位于雪域高原东部湟水之滨的宗喀（历史地名，泛指湟水沿岸地带）莲花山中，是藏传佛教格鲁派创始人宗喀巴大师的诞生地。莲花山地处宗喀中心地带湟中县境内，因其周围的八条峡谷形似铺设在四周的喜金刚八辐轮，八座平缓后仰的山形酷似八瓣盛开的莲花而得名。塔尔寺就坐落在莲花山中，依山而建的寺院建筑群犹如八瓣莲花中的花蕊，将莲花山装点得庄严美丽。

坐落于莲花山中的塔尔寺。

塔尔寺不仅是藏传佛教格鲁派的一处圣地，也是一座佛教文化艺术的宝库。它的寺院建筑、雕刻以及佛像、佛塔、佛经、供器、法器、曼陀罗、坛城……把这座佛教名刹装点得富丽堂皇、奥义深邃，其中尤以年代久远的“塔尔寺三绝”作为东方艺术奇观而蜚声海内外。

↑ 塔尔寺菩提树。公元 1357 年，宗喀巴大师诞生之时，他的母亲香萨阿切在剪断脐带时，滴了三滴血，后来这里就长出了一株菩提树。宗喀巴大师移居西藏，其母亲常常想念儿子，宗喀巴大师便修书一封，告诉母亲在菩提树旁修建一座佛塔，见塔如见人。

传说中，这棵塔尔寺菩提树一共有 10 万片叶子，每片树叶上都有一个狮子吼佛像。

天气逐渐转为雨夹雪，寺庙的鸽子们都躲到了屋檐下。

这只庙里的小猫，轻轻摸一下，它会用很温柔的声音回应你，感觉寺庙里的小动物都很“佛系”。

从塔尔寺出来我们就上了拉脊山。

这时的气温应该已经是零下了，拉脊山的海拔 3000～4000 米，因为雪越下越大，我们穿得实在不多，到这里已经被冻得不行了，就没有再往上走。

这里下的不是雪，都是冰粒，可以听见落在地上“噼噼叭叭”的声音。

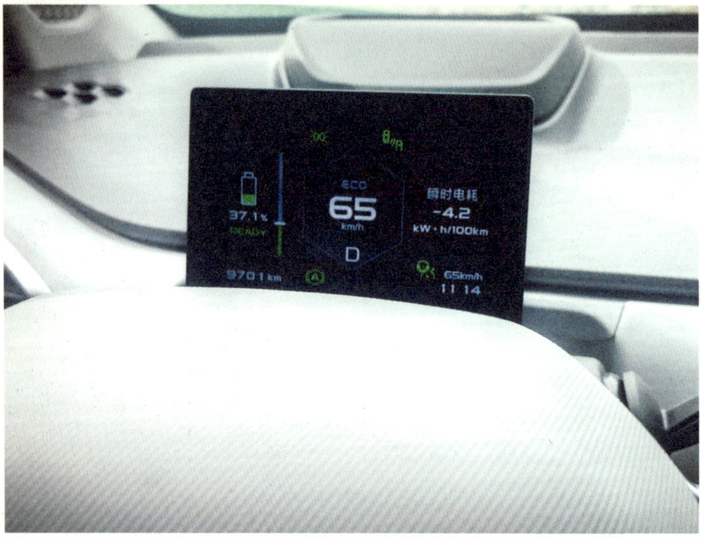

从拉脊山下来的时候，小 A 的动能回收功能给了我们一个不小的惊喜。

我们准备下山的时候里程显示还有 151 公里，而回到市区大概要 110 公里，当我们到达目的地的时候，里程却显示还有 74 公里。

原来下山的时候，动能回收系统一直在往车里充电。

行车贴士：

在城市开的时候，尤其刚开新能源汽车的人，基本都不太关注动能回收功能，但是通过这次雪山驾驶的经历，感觉这个功能对续航节能还是有一定帮助的。

人生需要一次说走就走的旅行，旅行中也需要一次不在规划内的行程。

其实一开始我们也不太敢开上雪山，因为海拔高、上山坡度大，而且天气太冷，但总觉得都来到这儿了，不上雪山岂不是少了一份重要的体验，于是我们一致决定上山。还好靠谱的小 A 不但带着我们上了雪山，看到了无限风光，感受了 2019 年的第一场雪，最后还妥妥的把我们带下了山。

今天在山上被冻得够呛，急需一顿大餐来补充一下热量。

感觉在青海没有待够，但由于想赶在包子生日的时候到达广州，所以我们只能依依不舍挥别青海，继续前行了。

一座拉面穿过的城市——兰州

兰州的牛肉面品牌林立，各有特点。多年前“坊间”传闻兰州牛肉面有五大高手：“东邪萨达姆”“西毒马安军”“南帝国保”“北丐苍鹰”“中神通马子禄”。到兰州的当天我们就来了很有名的“马子禄牛肉面”拉面馆。正好是晚饭时间，可是这家店居然关门了，看了看营业时间，是早上 6 点半到下午 2 点半，我心想好任性的一家面馆呀，是怕钱赚得太多吗！

后来才知道，其实不是任性。对兰州人而言，牛肉面在兰州都是作为早餐和中餐的，尤其是早上是要靠牛肉面唤醒的。牛肉面的原汤一般在前一晚开始熬制，原汤早上吃口感最好，那是头汤；中午也还不错，到了下午，口感就没有那么新鲜了。另外，下午一般又要开始准备晚上熬汤和明天的食材，所以到了下午就不营业了。

不过现在也有不少的面馆晚上也营业，原因就是晚上如果喝酒喝“大”了，吃一碗牛肉面还是比较舒服的。

第二天一大早我们又来了这家拉面馆，一楼人特别多，不想挤就去二楼。

哦，对啦，上二楼就必须要点套餐。

正宗的牛肉面果然名不虚传。一大碗香浓、劲道的拉面下肚，精神饱满的我们开逛。

兰州古称金城，黄河穿城而过，5000 年前人类就已在这里繁衍生息。

→ 黄河上漂流的羊皮筏。

走过中山桥，就到了白塔公园，因山头有一座元代白塔而得名，这里也是兰州市的象征之一，可以登到最高处俯瞰黄河。

白塔公园免费向游人开放。

从白塔公园出来已是傍晚时分，这里聚集的人越来越多。7 点半以后中山桥和白塔公园的灯会陆续亮起来，在夜色中与河水交相辉映，这里也是兰州必到的打卡地。

在天水我发现女人真的是不能惹的

从兰州到天水的高速服务区基本都能看见崭新的充电桩，看样子是准备就绪，不久就能投入使用了。在距离天水还有 100 多公里的地方，高速封路，我们只能出来走国道了。

这一段是山路，一个接一个的发卡弯堪比秋名山（出自电影《头文字 D》，以惊险而陡峭的五连发夹弯出名）。考验小 A 的时候到了。

从动力表现来说，它在陡坡山路挺给力，再加上它有“标准模式”和“运动模式”可选，配合带EPS电动助力转向，转向的力度和精度都很不错，加上方向盘尺寸比较小，操控灵活，所以相当完美的通过了考验。

天水南站停车场/特来电
第三方/直流。

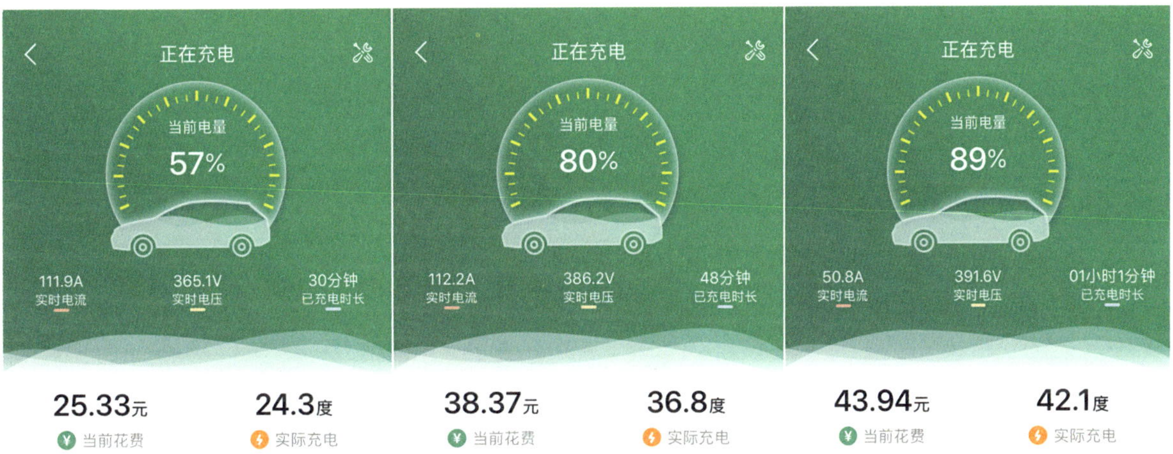

充电贴士：

经常有朋友问我充电麻烦吗？需要等多少时间？

我用手机截屏的这几张图来说明一下。

大部分直流充电桩功率都能达到50～60千瓦（相当于每小时能充50～60度电），从15%充到80%，大概45分钟就能完成，所有的新能源汽车电池都是越往后充越慢，一般不跑长途时我会选择只充到80%。

来了天水，伏羲庙和麦积山石窟是必去的。伏羲庙就在天水市区里，过来很方便。

炎帝和黄帝是华夏民族的代表，伏羲是炎帝、黄帝共同尊奉的先祖。伏羲作为“有大智”的思考者和发明创造者，寻求生存与发展的历史象征，对中华民族的文明进步和发展起到了不可估量的作用。

伏羲庙门前是当地居民休闲娱乐的地方，热热闹闹的很有生活气息，现场还有人在给这个民间小乐团做直播。

↑ 屋檐上的这条小龙，让我想起了动画片《花木兰》里的“木须”。

↗ 各种传说让这里充满了神秘感。

去麦积山的路很是坎坷，不知道是我们走错了还是只有这么一条路，完全符合越野车的试驾路况。

在这种路面上行驶，我感觉小 A 的底盘质感还不错，避震在过大的坑洼路面的时候也不会有特别强烈的弹跳感。

过了一把越野的瘾后，我们来到了麦积山。

麦积山石窟是中国四大石窟之一。与其他石窟不同的是，它是修在小陇山中的一座孤峰上，高 142 米，因山形酷似麦垛而得名。参观游览需要一路走楼梯上去。

麦积山石窟以其精美的泥塑艺术闻名世界，被誉为“东方雕塑艺术陈列馆”。

崖壁上的佛像。

很多崖壁上的小石窟都是用这种纱窗隔着的，不趴在上面完全看不到里面什么样子。

要特别提醒一下女士们，这里的飞虫特别多，要做好心理准备。为了大家观看图片的舒适感，这里就不放更多虫子的照片了。

爬上去其实挺高的，包子一路左躲右闪的避开飞虫，在到达了山的中间位置，她拿着大疆 OSMO Pocke 拍摄时为了躲闪飞虫，一个不小心就把大疆 OSMO Pocke 给甩了出去，从这开始爆发了我们旅行以来的第一场“战争”。

↑ 被摔伤的大疆 OSMO Pocke。

“你干嘛呢？都摔坏了！”我心疼地捡起 OSMO Pocke，没好气地说。

她却一句话也没说，扭头就往山下走，而且走得特别快，转眼就消失在人流中。扔下了一脸蒙圈的我呆站在原地。我说什么了？我怎么了？什么情况？

我一路追到检票口，叫都叫不住，她带着水和吃的就走了。想着还没完成石窟的拍摄，我又一层层的重新爬上去拍。

等我终于拍完所有照片回到车上的时候，人家却关着窗户、开着空调睡着了。

行车贴士：

这里提醒大家，如果是开燃油车一定不要关着车窗、开着空调睡觉。若开外循环易把车外聚集的一氧化碳引入车内，而开内循环则易使车内二氧化碳浓度升高，两者都有中毒或缺氧的风险。但新能源汽车压根不会产生一氧化碳，打盹时可以开外循环或车窗开条缝，有益于空气流通。

我心里一惊，赶紧看了一下剩余里程，要是到半道儿没电了，又得是一场大战。不过我发现小 A 开着暖风也不是很耗电，开了 1 个小时的暖风大概耗了 8 公里的电，剩下的电量足够回程用了。

最后，还是我承认了我的错误，夸奖了她在众人面前不吵不闹，给我留了极大的面子等一些“常备”套话，这一站的行程在我不走心的“深刻”检讨中结束了……

这一路走来，小 A 还是给了我们很多惊喜的。它带着我们进沙漠、趟戈壁、上雪山，到了青海湖，西北之行就没有遗憾了。青海湖是本次行程的最西端，后面的行程将一路向南。

4

初体验人像摄影，念不尽武侯英雄

本站摘要

在西安，有一位对新能源汽车很感兴趣的模特小姐姐前来助阵，这是我第一次真正拍人像，也是她第一次体验新能源汽车。

距离西安不远的汉中是个很有传奇色彩的地方，这里有很多三国故事等着我们去了解。

总充电费用：138.45元

总行驶里程：961 公里

本站行程

天水 - 西安 - 汉中

1 天水：天水南站停车场 / 特来电第三方 / 直流

2 西安：碑林区沙坡立交桥充电站 / 国家电网 / 直流

3 汉中：石狮酒店停车场 / 国家电网 / 直流

特别说明

西安对本地和外地的燃油车都有尾号限行，对新能源汽车没有限行。

电动公路
ELECTRIC HIGHWAY

人像摄影。

西安和汉中，都是极具历史文化底蕴的名城，尤其是喜欢三国文化的朋友，一定要来汉中看一看。

在西安我第一次尝试拍人像，还是有些小紧张的

从天水出发去西安的一路上都是阴天，昏暗的天气让人感觉也昏昏沉沉的。

所幸的是，这段高速上有许多表情路牌，好像在用各种表情对你说：“喂，打起精神来！”让人不禁会心一笑，精神也为之一振。

中间在宝鸡服务区休息，一边打个盹补补觉，一边连上充电桩充会儿电。一路上我基本都是利用吃饭或休息时间充电，所以没觉得有什么不方便。

到达西安已是晚饭时分，一切安排妥当后，饥肠辘辘的我们直奔回民街。

虽然不是周末，也不是节假日，这里的人还是这么多。

先来一个香喷喷的肉夹馍。

不过想吃上这口儿，还得到十几米长的队伍后面排着。

去过很多城市，一般都会去当地的小吃街逛逛，可是很多地方的小吃街已经没什么当地特色小吃了。不过这里的回民街还是可以吃到不少当地美食的，对我们这两个匆匆路过的外地人来说，已经非常满足了。

说到西安的特色美食“西安泡馍”，我们平时吃到的都是羊肉泡馍，其实西安当地还有一种泡馍名叫“葫芦头”。

“葫芦头”的基本原料是猪大肠和猪肚，厨师把猪肠、猪肚和鸡肉、海参、鱿鱼等排列在碎馍块儿上，用煮沸的骨头原汤泡三四次，然后加上熟猪油和青菜，一碗汤浓味醇的“葫芦头”大功告成。

相传，这是唐代著名医学家孙思邈将烹制方法传授给长安的一家饮食店店主，并将一个药葫芦赠给店主调味。店主在孙思邈的指点下改进了制作方法，结果香气倍增，从此长安“葫芦头”的名气大振，流传千年。

这也是当地红人馆的朋友 @ 深夜玩家大力推荐给我们的特色美食。

饱餐一顿之后，@深夜玩家带着我们驶入了秦岭，这是一条他经常来兜风的山路。

往山上开的时候开始下起雨来，雾也越来越大。

小 A 的轮胎采用的是 195/50 R18 轮胎，虽然宽度偏窄，但是在雨天山路连续转弯时，防滑表现还是不错的。日常使用时，这款轮胎的静音效果也值得称赞。

迷雾下的秦岭，很有北欧风格。

潮气弥漫森林，高大的树木层层叠叠，四下无人，只听得到雾气凝结成的水珠“嘀嗒，嘀嗒”滴落的声音，越往里走越有种身处“寂静岭”的感觉（《寂静岭》，一款经典游戏，后被改编为同名电影）。

从森林里出来看到有人骑着“侉子”（一种三轮摩托车）在路边，我一直都特别喜欢摩托车，不禁上前和车主聊聊天，感受一下。

天色渐晚，我们开始驾车下山。一路上，想到我明天要第一次尝试人像摄影，不禁十分期待。

第二天，认识了前来助阵的模特小姐姐 @M29 吖，我们把小 A 里里外外擦了个遍，准备好拍摄用的设备，一切就绪，我的第一次人像摄影开始。

由于是第一次拍人像，和 @M29 吖也不太熟识，我还是挺紧张的。还好有“人像大师”@ 深夜玩家在旁边指导，学到了很多人像拍摄的技巧。

没拍过人像以前，我觉得应该不难拍，经过这次尝试，发现并没那么简单。

模特和摄影师的配合沟通、如何展现、如何取景、怎么选角度，都是需要我学习的。比如我们在自然光下如何把握光线和角度，我和模特不太熟悉要如何引导她的情绪等。此外，当时室外气温只有十几度，模特穿着单薄的衣服，已经开始发抖。但一旦拍摄开始，她必须要控制住发抖的身体，并摆出自然的姿态和表情，而且一拍就是好几个小时，需要很大的耐力和坚持，敬业精神令人敬佩。

这些就是今天的拍摄成果。

拍摄结束，先赶快让模特小姐姐到车里暖和一下。

她说这是第一次接触新能源汽车，觉得整个内饰很有科技感。

↖ 小 A 的这个 E-touch 中央超感触控区，她觉得看起来很科幻。

← 她的手机没电了，这儿还有个无线充电的地方。

她很喜欢小 A 的 180° 全景天际线，感觉坐在后排不会有压抑感。

不知道模特小姐姐对我这个菜鸟摄影师的作品是否满意，但她对小 A 这台新能源汽车还是十分欣赏的。

拍摄的结尾又开始下起雨来，为了犒劳一下大冷天前来拍摄的 @M29 吖，一顿大餐是不能少的。

要是不想去人挤人的回民街，就来长安大排档吧。

安大牌檔
劉文西題
吉祥如意
招財進寶
千百年特色存真譽冠古今
长安

这里应该囊获了西安的大部分特色小吃。

我本来是想让 @M29 吖多点些她自己爱吃的，可她还是给我们点了很多初来西安应该品尝的小吃。

今天的人像拍摄圆满结束。明天我们去看世界第八大奇迹“兵马俑”。

→ 给“人像大师”@深夜玩家和模特小姐姐的犒劳宴。

早上起来找了个离酒店比较近的地方充电，充好电向兵马俑出发。

→ 碑林区沙坡立交桥国家电网充电站，地面状况不太友好。

秦始皇兵马俑距离西安市区 40 多公里。

展厅里最著名的“铜马车”，围观的人是最多的。

这架铜马车整体用青铜铸造，采用了铸造、镶嵌、焊接、子母扣连接、活铰连接等多种工艺组装而成，是我国考古史上截至目前出土的体型最大、结构最复杂、系驾关系最完整的古代车马，被誉为“青铜之冠”，也是世界上最贵的车。近看铜马车确实很震撼，细节处理得相当精美，可以想象出它刚被打造完成时有多么的炫目、华丽。

在展厅里我居然看到了乘法表，据说早在“春秋”“战国”时期，《九九乘法歌诀》就已经开始流行了。

这就是电视上经常出现的秦始皇兵马俑画面。

兵马俑是在偶然的情况下被发现的，据说是当时两个农民在干农活的时候挖出来的，世界第八大奇迹就这样很“随意”的被发现了。

自从兵马俑被发现的 1974 年 3 月开始，考古发掘工作至今一直没有停止。

据说，秦兵马俑在建造时不仅是彩色的，还是浓烈鲜艳的撞色派。可是由于时间久远、中间自然侵蚀等原因，超过 95% 以上的兵马俑彩绘都已经脱落。剩余的部分彩色兵马俑在出土时本还栩栩如生，但接触空气几分钟之后就被氧化了，表面颜色脱落。

面对着兵马俑从色彩鲜丽到“灰头土脸”，工作人员除了心疼，也无能为力。这也是秦始皇帝陵至今为止并没有大面积挖掘的原因之一。

仔细观察每一个兵马俑的外貌都是不一样的，而且连头发丝和指甲盖都可以看到，制作如此精细，规模如此宏大，先人的造诣令人赞叹。

透过千年前的兵马俑，我们仿佛看到一支强大的古代军队在当年是如何征伐四方、所向披靡的。

美国前国务卿基辛格就曾说过：“每次我来参观兵马俑，都看到了中国的古老文明，也看到了中国的未来。”

华灯初上之时，我们回到西安市区。

走在古老的明城墙上，眺望川流不息的街道。

“九天阊阖开宫殿，万国衣冠拜冕旒”。西安，这座十三朝古都，曾是世界的中心，当时最大、最繁华的城市，古丝绸之路的起点，见证了古代中国的文明、开放和繁盛。如今，在这座灯火璀璨的现代化大都市里，让我们慢慢品味这杯历史的陈酿。

在三国文化圣地汉中感怀英雄故事

今天我们计划前往汉中。

虽然已经过了青海在往南走，但毕竟还是北方，一大早起来，阴天加上小风刮着，感觉冷飕飕的。于是，我提前用手机里的几何 App 把空调打开，这样上车时车里的温度就会比较适宜了。

App 还有找车，远程开车门、开空调、开空气净化、关车窗等功能，我觉得远程开空调和开车门很方便，比如要是我在家时，别人要去我车上拿东西，我可以不用下楼，直接在 App 上开车门就行了。

车里暖烘烘的，连方向盘都被吹热了，希望汉中比这里暖和。

↓ 石狮酒店停车场 / 国家电网 / 直流。

到了汉中发现酒店旁边就有充电桩。来这充电的车不多，环境也不错，隔着一条马路就有商业街，吃饭、买东西很方便。

“东汉末年分三国”，汉中是“栈阁北来连陇蜀，汉川东去控荆吴”的战略要地，曾发生过许多惊天动地的英雄故事。

刘备与曹操争夺汉中的战争从建安二十二年（217 年）发起，至建安二十四年（219 年）五月结束，战争持续近两年之久。交战双方名将云集，阵容堪称“豪华”。此战刘备占据汉中，领土得到扩张，进而称王。这就是影响三国局势的汉中大战。汉中大战的胜利，成功奠定了蜀、魏、吴三国鼎立的基础。

著名的京剧传统剧目《定军山》，讲的就是汉中大战发生的故事。

今天我们就到“三国”时期的风云人物诸葛亮的墓园去看看。

武侯墓，就是诸葛亮墓，位于汉中市勉县的定军山脚下，因诸葛亮曾获封武乡侯而得名武侯墓。

进入大门，一片汉柏古松，清幽、古朴。

建兴十二年（公元 234 年），诸葛亮在第五次北伐中病逝于五丈原。他在临终前留下遗命，“葬汉中定军山，因山为坟，冢足容棺，剑以时服，不须器物”。

汉中地区是刘备帝业所兴，也是刘备与诸葛亮苦心经营筹谋复兴之地，这里寄寓着君臣二人恢复汉室的壮志。蜀汉只有守住汉中，才有继续北伐的凭借。诸葛亮选择葬在此地，寄托了自己对未竟的北伐事业的期望，也是为激励蜀汉后人时刻不忘复兴汉室之志。

从这些牌匾中就能看出后人对诸葛亮的崇敬。

除了武侯墓，作为当时“出镜率”非常高的汉中，还有很多“三国”遗迹，比如定军山古战场、天荡山古战场、古阳平关、马超墓祠、刘备立汉中王设坛处、张鲁城等。

来汉中尽情领略“三国”时期厚重的历史文化吧。

5

美女修理工遇见新能源车，麻辣之都碰上 3D 魔幻城

本站摘要

我们在成都见到了美女修理工朋友，这是她第一次和新能源汽车相遇。她带着我们感受了老成都的慢生活。在麻辣之都我们过了一把麻辣瘾。3D 魔幻城不仅拥有魔幻的地标建筑，同样魔幻的还有这座城市的道路。

总充电费用：188.2 元

总行驶里程：1221 公里

本站行程

汉中 – 成都 – 重庆

1 汉中：石狮酒店停车场 / 国家电网 / 直流

2 成都：高速宁强服务区 / 国家电网 / 直流

3 重庆：高速围龙服务区 / 国家电网 / 直流

4 重庆：江北区茶园建新东路充电站 / 国家电网 / 直流

特别说明

成都对本地和外地燃油车都有尾号限行，对新能源汽车没有限行。

电动公路
ELECTRIC HIGHWAY

重庆美术馆。

重庆千厮门大桥。

2019重庆英才
中国平安
中国平安
洪崖洞

成都美女修理工对新能源汽车不一样的解读方式

中午，我们在从汉中开往成都的高速宁强服务区，边吃饭边充电，这也是长途自驾我最为推荐的一种充电时间规划方式。

↑ 高速宁强服务区 / 国家电网 / 直流，这里的直流桩充电速度很快，我们没吃完饭就已经充满了。

到了成都，我们先来到了著名的宽窄巷子。

巷子的入口有个很大的 logo，我第一眼看见这个 logo 的时候，会突然联想到“炸窝头”这三个字，大概是猛一看字形像“窝头”的“窝”吧！

宽窄巷子是由宽巷子、窄巷子、井巷子平行排列组成的。

这里见证了成都从古至今的变迁。

宽窄巷子保留了很多清代川西民居风格，是值得一来的老成都生活体验馆。

在这里你可以画上戏妆，过一把川剧名角的瘾，也可以感受一下成都的“采耳”（指“掏耳朵”）。

成都的“采耳”，我克服了心理障碍尝试了一下，别说还真挺舒服的，尤其是最后弹的那一下，挺有意思的。

除了宽窄巷子，锦里也是另一个代表成都气质的地方。

据说锦里曾是西蜀历史上最古老、最具有商业气息的街道之一。

“串串香”是由长竹签上串上各种菜得名的，将其放入滚烫的红油汤料中涮熟，浸满麻辣滋味，吃起来特别过瘾。而且菜品丰富，价格便宜，一串从几毛钱到几块钱，吃一大把也不贵，是很受大众欢迎的成都特色小吃。

麻辣真是一种很神奇的滋味，即便每次被辣到口腔麻木，大汗淋漓，却还是让人欲罢不能。

我们在这里吃饭的时候居然有川剧变脸的表演，还以为得特地买票才能看到呢。

整条街有着浓浓的成都味道。

说到成都，最有代表性的应该就是大熊猫了，我们明天就去看这个萌翻全世界的“胖子”。

这里是成都大熊猫繁育研究基地。

快来看看我们今天的主角“黑白小胖”吧。

在这里可以看到还在保育箱里的大熊猫宝宝，在别的地方应该是看不到的。很小的一只，看起来有点像耗子，真不敢相信日后会长成那么魁梧的“大个儿”。

它们除了睡觉还是睡觉，大的小的“胖子”们基本都是以静态展示，千姿百态的睡姿让人忍俊不住。

这个睡觉姿势就比较奇葩了，我有点担心它会睡到脑充血。

啊! 终于看见有在动的，原来它正趴在门上跟管理员要吃的呢。

看来它们的一生当中真的只有两件要紧事，就是睡和吃。

不过你们知道它们为什么这么懒吗? 因为竹类的营养价值很低，它们每天要用大量的时间进食和消化，并需要尽可能保存摄取的能量，所以它们吃得多、动得少，是为了节能。

大熊猫的形象在成都随处可见。这只是在春熙路的 IFS 商场外墙上的钢铁大熊猫，高 15 米，重 13 吨。

据说这只大熊猫最初并不是 IFS 商场建筑设计的一部分，而是为一个公益项目制作的，活动结束后本来要拆掉，但因为大家很喜欢，就保留了下来，现已成为成都的网红打卡地。

今天，论坛红人馆的美女修理工 @ 驭兽女郎会来和我们见面。一想到女修理工可能大家脑海中会浮现一个穿着工装酷酷的形象，但我们这位美女修理工朋友却看起来很温婉。她是一位专业汽修师，同时也是一位二手车鉴定评估师，是一位对机械和动力有着浓厚兴趣的女孩。

作为专业人士的她，一上来就让我帮她把车的前机盖打开，因为她觉得要了解一辆车就要先从动力配置开始。

据我了解，小 A 使用的是一台永磁同步电机，最大功率是 120 千瓦，马力是 163Ps，峰值扭矩是 250 牛米，@ 驭兽女郎驾驶了一下，感觉它的动力表现相当于 1.8T 的燃油车。

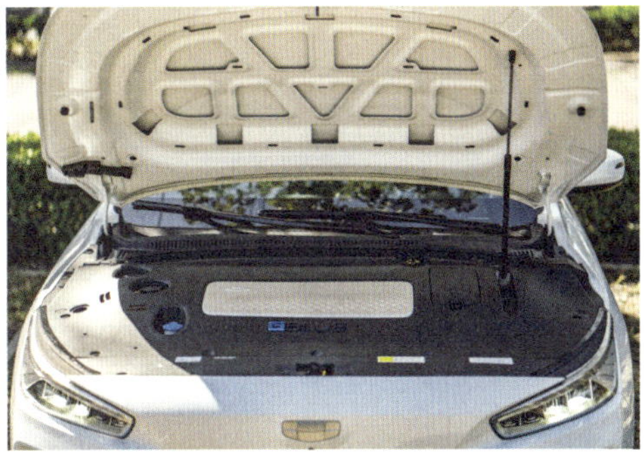

关上前机盖，她开始审视这辆车的外观，她问我，是不是新能源汽车的外观造型都会做的比较流线型？的确，流线型的车身可以降低空气阻力，而空气阻力每降低一些，续航里程就会提升一些。所以低风阻的流线型车身也成为新能源汽车的发展趋势。

↑ 她很喜欢小A的伸缩门把手，感觉特别简洁、干净。

进入车内，她觉得比传统燃油车的内饰设计简洁、前卫很多。基本上操作按钮都是触控的，看起来很“概念”。车内的整体空间也不错。

她对新能源汽车的电池不太了解，我给她查了一下小 A 的电池配置。小 A 500 公里续航版用的是 811 配比的宁德时代 180 安时电池，电池包容量 61.9 千瓦时。

现在市场上在售的 30 万 ~ 50 万元的新能源汽车大部分用的都是这个型号的电池，这个配置还是很厚道的。

除了硬件，她也操作了一下小 A 的软件部分。她用“川普”（四川普通话）把语音助手试了一遍，没想到识别率还挺高的。

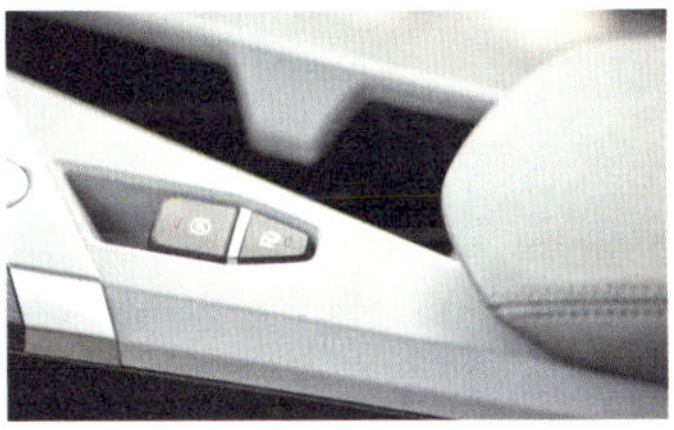

↑ 按下自动泊车按键（图中 P 加方向盘图案）还可一键智能自动泊车。

↗ 按下按键后，选择你需要停的停车位形式（垂直或水平），之后全程无需再有任何操作，车辆会依靠雷达和摄像头自动完成泊车。此外还有自动泊出功能。

只是短暂的接触，@ 驭兽女郎已对新能源汽车留下了很好的印象，喜爱燃油车的她，以后又会多一个新的爱好了。

看完车后，她说：“走，带你们去一个真正感受老成都慢生活的地方。”

这里是成都的老茶馆，完整地保留了当年的风貌。

这位是老茶馆的老板，据说他一年四季都是这个打扮。

← 美女一出现就格外引人关注，我们一进茶馆，就有不少人过来邀请@驭兽女郎合影。而这时候我和包子已经被挤到一边去了。

富有年代感的背景环境，加上 @ 驭兽女郎的装扮，呈现出特别的韵味。

从茶馆出来的时候，@ 驭兽女郎还和老板合了个影，这种对比和反差是不是很有戏剧感。

充实的一天结束，明天我们准备去著名的都江堰。

都江堰位于四川省成都市都江堰市城西，坐落于成都平原西部的岷江上，距离成都市区有 70 多公里。

都江堰始建于秦昭王末年，是蜀郡太守李冰父子在前人鳖灵开凿的基础上组织修建的大型水利工程。

原来在古代，成都曾是水灾、旱灾十分严重的地方，唐代诗人李白有一首诗《蜀道难》，就感叹了那个时代成都平原恶劣的自然条件。

自从都江堰修建完成，成都平原从此沃野千里，成为名副其实的“天府之国”。两千多年来，这个世界上年代最久，唯一留存的水利工程，依然在尽责地工作着，默默守护着这片土地上的生灵。

这是都江堰景区入口外的南桥，原名“普济桥”，廊式古桥上有各种彩绘雕梁画栋，被誉为“水上画楼”。

这里晚上是拍照的好地方，有很多摄影爱好者都特意来此拍照。

↑ 和一位摄影爱好者小兄弟切磋摄影技法。

忽高忽低的魔幻都市——重庆

在渝蓉高速围龙服务区充电，这里的充电车位完全没有被燃油车占位。一路走过来，不管是高速服务区还是城市里的充电站，只要没有专人看管的地方，充电车位被燃油车占用的现象还是挺普遍的，如果着急充电的话会挺头疼。

高速围龙服务区 / 国家电网 / 直流。

重庆，这座三千多年历史的西南重镇，近几年也因为一批网红打卡地变得热度越来越高。因城市依山而建、鳞次栉比、错落有致，而且两江交汇，波光倒影，尤其入夜之后，水面仿佛一面魔镜，映衬着炫彩的都市更为魔幻立体。

千厮门大桥，天梭形状的银色的塔身加上迷幻的灯光，看起来超现实。

洪崖洞，原名洪崖门，是古重庆的城门之一，因为其外形与电影《千与千寻》里的魔幻“汤屋”建筑相似，也成为游客必来打卡地。

在嘉陵江的另一边向对岸望去，洪崖洞一片灯火通明，仿佛梦幻王国。

两江印象酒店

但重庆的“魔幻”还不仅体现在景上，它的道路才是真的“魔幻”。弯弯曲曲、上上下下，对初来乍到的外地人来说，即使开着导航，也照样发懵。虽然最终总能到达目的地，但中间错过了多少个路口，又绕了多少弯路，就数也数不清了。

本来导航显示 20 分钟就能到磁器口，我开了 40 多分钟才到。

在重庆开车，小 A 的 3D 全景影像帮了大忙，掉头、倒车的时候都非常有用。

磁器口古镇，位于重庆市沙坪坝区嘉陵江畔，始建于宋代，拥有“一江两溪三山四街”的独特地貌，是嘉陵江边重要的水陆码头。

这里有很多专门卖火锅底料的店家在现场熬制，站在大锅边又热、又呛、又费力，真佩服这些师傅们。

这位“春卷爷爷”很有名，在他这里买炸春卷的人特别多。

在重庆走路很容易饿，因为“山城”的缘故，一会儿上坡一会儿下坡，对走惯平路的我们是个挑战。还好这儿到处都有地道的重庆小面，10 元左右，又便宜又好吃。一碗面下去，体力值迅速回升。

吃完面我们到了另一处魔幻之地。

半空中，一列火车从高楼中穿楼而过，这种场景只会出现在梦境里吧。

给人强烈视觉冲击感的重庆美术馆，既有中国传统的建筑风格，又展现了浓厚的巴渝文化。

重庆美术馆旁的解放碑也是重庆的地标之一。抗战胜利纪功碑暨人民解放纪念碑标志着中国在反法西斯战争中取得的胜利成果，也是中国人民解放的重要见证。

从 1947 年开始，解放碑一直屹立在这里守望着这座城市。

↖ 重庆美术馆。

↓ 解放碑。

重庆还有料足味烈的火锅，这里吃火锅不分早上晚上，是一天里什么时间都可以吃的美食。

重庆是座神奇的城市，拥有“魔幻”的地形、道路交通和景观，期待它创造出更为魔幻的未来。

回酒店的路上给小 A 充个电。一天“蒙圈”的行程结束了，祈祷我不会收到罚单。

↑ 江北区茶园建新东路充电站 / 国家电网 / 直流。

← 重庆美术馆。

电动公路
ELECTRIC HIGHWAY

6

走进 20 元上的风景，挑战小 A 的续航极限

本站摘要

我们从贵州的苗寨到广西的阳朔，再到美食之城广州吃早茶，精彩的行程马上就要结束了。

在旅行结束前，我有个越来越强烈的想法，想要挑战一下我的“里程焦虑”的极限。

1 重庆
2 贵阳
凯里 3
4 桂林
5 阳朔
广州 6
几何 A

总充电费用：374.1 元

总行驶里程：2091 公里

本站行程

重庆 – 贵阳 – 桂林 – 广州

1 重庆：江北区茶园建新东路充电站 / 国家电网 / 直流
2 贵阳：万丽酒店充电站 / 特来电 / 直流
3 凯里：凯里行政中心充电站 / 特来电 / 直流
4 桂林：联坤家居停车场 / 中国南方电网 / 直流
5 阳朔：新德公司充电站 / 特来电 / 直流
6 广州：广裕租赁明珠充电站 / 特来电 / 直流

特别说明

1 贵阳对外地燃油车有限行，对新能源汽车没有限行。
2 广州对所有外地汽车实行核心区域限行，开 4 停 4 的规定，具体的范围导航地图有标注。

电动公路
ELECTRIC HIGHWAY

贵阳高坡苗寨山上。

渔翁与鱼鹰。

在贵阳的高坡小湖边静静冥想，在凯里体验苗寨风情

来贵阳前我已经提前约好了红人馆的朋友 @ 蚂蚁鱼头（简称“鱼头”）和 @ 曦哥很忙（简称“曦哥”）。

第二天一早我就到达约定地点，一边充电一边等“鱼头”。充好电“鱼头”也到了，今天就跟他去贵阳的山里看看吧。

↑ 万丽酒店充电站 / 特来电 / 直流，充电速度挺快的，环境好。

“鱼头”是个户外爱好者，他要带我们去离贵阳市区不远的一处湖边，据说风景很美，鲜有人知。

一路过去，前面大部分都挺好走的，但快到目的地的时候开始变得崎岖，不过这一路上小 A 已经多次经受住了烂路考验，这次也不在话下。

“鱼头”说他工作累的时候，经常会开车来这片小湖边，静静地待上一会儿，看着平静的水面，听着掠过的风声，人会很快沉静下来。

从北京一路走来，看到了很多不一样的风景，但看过的世界越多，就越感觉到自己的渺小和微不足道。

此刻站在这湖边，感觉自己仿佛也变轻、变薄，成了一阵风，一片云，融入这蓝色、透明的空气中。

就这样我们谁也没说话一直静静的待着，直到时近中午，肚子的“咕噜”声打破了这片宁静。我们相视哈哈一笑，拿出面包在这里吃个简单的午饭。

吃饭的时候“鱼头”说：“要是有个电磁炉，在这煮锅泡面吃，那也是难得的享受啊。”

我告诉他还真可以。只要小 A 的电量剩余为 20% 以上，就可以输出 220V 的交流电，给电磁炉、小烤箱、露营灯等设备供电，这样在郊外就可以做顿大餐了。

想想一边享受大餐，一边欣赏美景，这该是多么惬意的事啊！

太阳开始下山，我们也该下山了，我们约好“曦哥”下班后去找他。

“曦哥”是我们心目中的摄影大神。

我之前也是认识了“曦哥”之后，受他影响成为了一名摄影爱好者。现在处于什么都想拍，什么都想学，对知识如饥似渴的阶段。包子调侃我，上学的时候要有这种对学习的热情和渴望，可能早就是“学霸”了。

平时见“曦哥”的机会不多，所以每次见面我都会提前准备很多问题向他请教。

今天我向“曦哥”学习的是空间结构的构图，就拿小 A 来练练手吧。

之后，“曦哥”又给我讲了很多修图方面的技巧，一张好照片的呈现，需要拍摄者各个方面的能力都要强。

学习的道路还很长，我会继续努力的。

今天我们的目的地是凯里的西江千户苗寨。

从贵阳出发我们走的国道和省道，中途路过了南花苗寨。

南花苗寨位于贵州凯里市三棵树镇，地处美丽的巴拉河畔。这里游客不多，整体还是保持着原住民日常的生活节奏。

有时寨子里也会举行一些民俗表演。

到达西江千户苗寨时天已擦黑，我们坐上景区的观光车，第一站是观景台，这里是拍摄千户苗寨全貌的绝佳位置。

千户苗寨是世界上最大的苗族聚居村寨，由十几个依山而建的苗寨相连成片。这里随处可见苗族穿着的人们。卖水果的阿姨说她们平时就是这样穿着的。

桥上还有一群苗族姑娘在唱歌，她们在为几天后的节目做准备。

小溪之上的风雨桥后，是层层叠叠、依山而建的吊脚楼，在漆黑的夜空中燃起点点灯光。

这里可以让我们一睹苗族文化的缩影。

还沉浸在浓郁的苗族风情中，但不管如何留恋，我们都只能短暂停留，明天又将前往新的目的地——阳朔。

↑ 凯里行政中心充电站 / 特来电 / 直流。

20 元上的风景在这里

从凯里到桂林的路上，两边的“山貌”也有了很大的变化，从连绵的梯田，慢慢变成了一座座小山。连绵起伏的小山仿佛水波一般由近及远的荡开。

→联坤家居停车场 / 中国南方电网 / 直流。广东、广西、云南、贵州、海南属于中国南方电网的服务区域，可以使用中国南方电网、特来电、星星充电等 App 找桩，或在地图上直接搜索“充电桩”。

阳朔是以山青、水秀、洞奇、石美而闻名天下的。

到了阳朔更能感受到桂林地区的独特地貌特征——喀斯特地貌，又称岩溶地貌。这里的山峰拔地而起，气势恢宏，千峰倒影于清澈的漓江水面，山景和水影相互映衬，犹如身处画中。

这就是 20 元人民币上的风景所在地，位于漓江兴坪古镇。

到这里的人一般都会摆出如我这样的标准姿势和 20 元合影留念。不过要想在我这个位置的河滩上拍照，就要先交费 20 元钱。

在这拍照的人很多，我今天幸运地碰上了一个摄影团，他们专门请来了这位渔翁做模特，要不然我应该是拍不到这些场景的。

这也曾是当地人真实的生活场景，只不过时代发展，他们的生活方式也发生了很大变化，为了满足游客和我们这些摄影爱好者了解和拍摄的愿望，这样的“情景再现”也不失为一种方法。

必须承认，“渔翁”老爷爷和鱼鹰的表现相当专业。

第二天我们来到漓江边，体验了一下竹筏漂流。

“江作青罗带，山如碧玉簪”。在碧波荡漾的漓江上看着两岸的风景悠悠掠过，感觉所有烦恼仿佛也被这江水带走，心中清明一片，正如这江水一般。

↑ 新德公司充电站/特来电/直流。

漂流结束后发现小 A 电量不足，先带它去充电。这个充电站在国道边上，充电环境不太好，不过充电速度还可以。

今天的充电和以往有些不同，因为明天我们要开车去广州，一路上想挑战一下我的“里程焦虑”，看看小 A 的 500 公里续航极限，所以这次的充电在我心里很有仪式感。

↓ 晚饭后我们去逛了逛西街。

从桂林到广州挑战小 A 极限续航

↑ 广州紫泥堂。

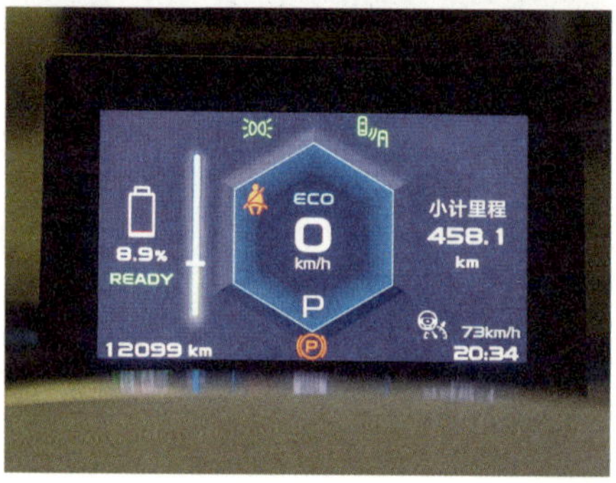

上午收拾好行李，最后一站的行程即将开始。

从我住的酒店所在位置到达广州塔的总里程是 450 公里左右。如果到那里以后还有电，我会继续再开，看小 A 的 500 公里续航极限是多少。

这一路的行程十分顺畅。不过到达广州下了高速以后，我们刚说完："今天还挺顺的。"就赶上了城里的晚高峰堵车。

走走停停的，我们一直到晚上 8 点半才抵达了目的地——广州"小蛮腰"（网友对广州塔的爱称）。

我们的实际行驶里程是 458 公里，剩余电量是 8.9%。这样算下来，我们的剩余续航还有 40 公里左右。

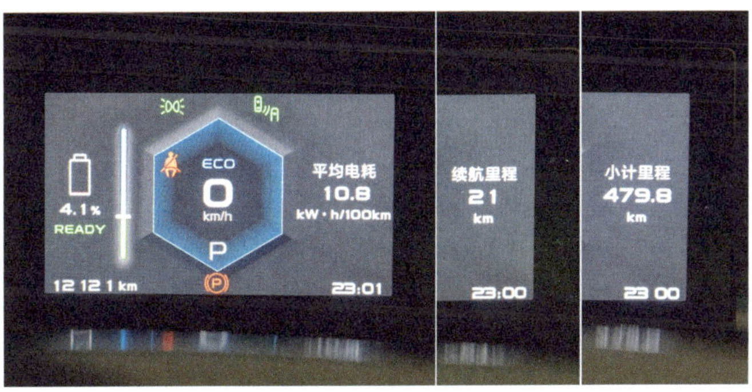

我们在广州塔下面吃了个晚饭，给小 A 和“小蛮腰”合影留念，就继续上路往前开。

就这样在城市的道路堵堵开开，又走了 20 多公里，一天的疲劳感涌了上来，不断地对我提出严正抗议。

于是我们决定还是不再勉力硬撑，毕竟出门在外安全第一，今天的测试提前结束吧。

等我们到达酒店时，总行驶里程显示 479.8 公里，剩余续航 21 公里，一天下来我开出了 10.8 的平均能耗。

顽强的小 A 好样的！我的“里程焦虑”在小 A 的稳定表现和精准的里程计算中，得到了很大缓解，并增强了信心。今天我们都好好休息一下，明天带它去充电。

↑ 广州紫泥堂。

第二天起来发现，过了一晚上小 A 的续航还有 20 公里，不禁为国产新能源汽车点赞。

最后一站的广州之行，我们来到了位于广州番禺沙湾紫坭村的紫泥堂。这里有点像北京的 798 艺术区，原来是一座糖厂，后经改造变成了现在的创意园。

到了这里，就快要把小 A 还给车行了。即将和陪伴我们一路的小 A 分别，心里很是不舍。我一直觉得车是有生命的，它们不仅是金属零件的组合，而是朋友，是兄弟。一路上我们配合默契，彼此信任，不管是前途泥泞，还是风霜雪雨，我们都一起勇敢跨越，建立了深厚的感情。它就是个不会说话的朋友，不过现在有了语音助手，它也变成了一个会说话的朋友了。

最后在这个工业艺术空间中多给它拍几张照片，多留些纪念。

再见了，我的朋友！

下午我们来到了猎德大桥，一直守候到黄昏，
拍下了我心中广州的标志。

晚上我们来到位于番禺区的这家生滚粥店，这是我们在广州的朋友小蔡同学推荐的，店里生意很好，要不是她提前来占位，就要排队了。

我第一次吃到这种形式的生滚粥，有点像粥底的自助火锅。

这家店的食物非常合我们的口味，不仅好吃还很实惠，感谢她的推荐。

不过我们这次自驾之旅的终极目标还没有达成，就留给明天早上吧。

这就是我们要完成终极任务的地方——南园酒家，是一家以粤菜为主，潮州菜为特色的餐馆。南园酒家始创于 1963 年，是中国 12 家“国家白金五钻级酒家”之一，也是广州很有名的早茶店。

这里门庭若市，生意非常红火，等位的时候我们就到酒家的园中走一走吧。

园内亭台楼阁、小桥流水、竹林婆娑、鸟语花香，有着岭南建筑园林的风格特色，不愧是广州四大著名的园林酒家之一。

终于可以坐下惬意的吃一顿美味了。我们点了这里的几种特色点心，虾饺、萝卜糕、凤爪等，味道特别好，和我们以前在其他地方吃过的广式餐厅的菜品味道都不一样。

各地的美食还是要到当地吃才最正宗吧，当地的食材、气候、城市的气质……这些不知是否都会微妙的影响吃饭时的感受和体验。

我们本次行程的终极目标到此就完成了。这天正是包子的生日，时间刚好。人们总说“活在当下”，每个人的当下都不一样，我的当下就是完成我的承诺，让我爱的人快乐，做自己想做的事情。包子的当下就是把这一桌美食都吃掉。过好每一天，就是活在当下，没有太多的宏图大志，没有太多飘渺的幻想，过好当下便是交给未来最好的答卷。

环游中国之西北、西南线路的旅行结束了。我们穿越了 13 个省，走过了 18 个地方，行驶了 8644 公里。继上次的沿海之旅一年之后，我们又一次开着新能源汽车完成了自驾旅行。

一路上，有欢乐、有不舍、有惊喜、有遗憾，但人生本就是这样。

旅程，不仅串起了我们头脑中的书本知识和真实世界，串起了我们和天南地北的朋友，也串起了我们对过往和未来的思考、对人生的感悟，这些都将化为内心丰沛的感受，带着对未知的探寻和对冒险的渴望，成为我们继续前进的动力。

远处，这条缀满新能源设施的公路仿佛在发着光，这是带给我们新能源车主信心和能量的希望之光，也将带领着我们到达更远的远方。我们下次路上见。

“我们非去不可，在到达之前，永不停止。”

——杰克·凯鲁亚克

「热点」

Q&A

Q
费用：新能源汽车自驾游的充电费用高吗？

A
这次的线路共跨越了 13 个省，总行驶里程 8644 公里，全程的充电费用为 1515.39 元。燃油车若按百公里消耗 8 升油，且加 92 号汽油计算（以油价 7.13 元 / 升举例），整个行程花费汽油费大约 4900 元。

Q
限行：各地对新能源汽车有限行规定吗？

A
在这次行程中，大部分地区对新能源汽车没有任何限行规定，只有广州对外地燃油汽车和新能源汽车有同样“开 4 停 4”的限行规定。

Q
选车：新能源汽车自驾游，哪些性能比较重要？

A
重要的问题说三遍：续航、续航、续航。除了续航当然还有车辆的安全性和可靠性。此外，我觉得有自动辅助驾驶功能也很重要，可以在长途驾驶中减轻驾驶员的负担。

Q

局限：新能源汽车自驾游有没有局限性？

A

从车辆的能源方面来说，可以说有电的地方新能源汽车就都可以去，当然首推充电设施配套较完善的地区。其实在一些物资较匮乏的地区或线路，燃油汽车也一样面临燃料短缺的问题，都会有局限性。所以提前规划、做好准备很重要，一切皆有可能。

Q

充电：在充电基础设施建设不完备的地方，如何解决新能源汽车的充电问题？

A

（1）当地有没有电动公交车充电站，有的话有可能会对外开放；

（2）当地新闻里有没有报道过当地充电桩的新闻，如有则应该可以找到；

（3）求助入住的酒店，借用他们的电源充电；

（4）看当地有没有新能源车友，向他们求助。

Q

建议：第一次开新能源汽车长途出游，有什么需要特别注意的吗？

A

（1）选择一条简单一些，充电桩配套比较完善的路线；

（2）在吃饭休息的时间充电，这样不会在充电上浪费时间，影响行程感受；

（3）在规划充电点时，尽量多选择几个点，万一某个充电点无法使用，还有备选方案；

（4）长途自驾的一定要准备一个便携充，以及一台补胎充气一体机。

Q

预告：下次自驾游你们想去哪里？

A

新能源汽车环游中国下一次的行程，我们想去东北三省，看看我国辽阔的黑土地。

汽车之家
看车·买车·用车
看车 买车 用车
都回汽车之家
因为真实
所以信赖
4亿人都在用的汽车APP
朱婷
女排运动员
汽车之家品牌伙伴
汽车之家
看车·买车·用车
汽车之家
AUTOHOME

论坛红人馆
汽车之家
看车·买车·用车
汇集车圈优质内容作者
汽车圈明星意见领域孵化器
长期招募会玩车的人，
专注打造汽车精品内容！
只要你爱车懂车，能拍能写，
有梦想不甘平凡，乐于分享，
欢迎随时加入我们！
扫码加入

e充电

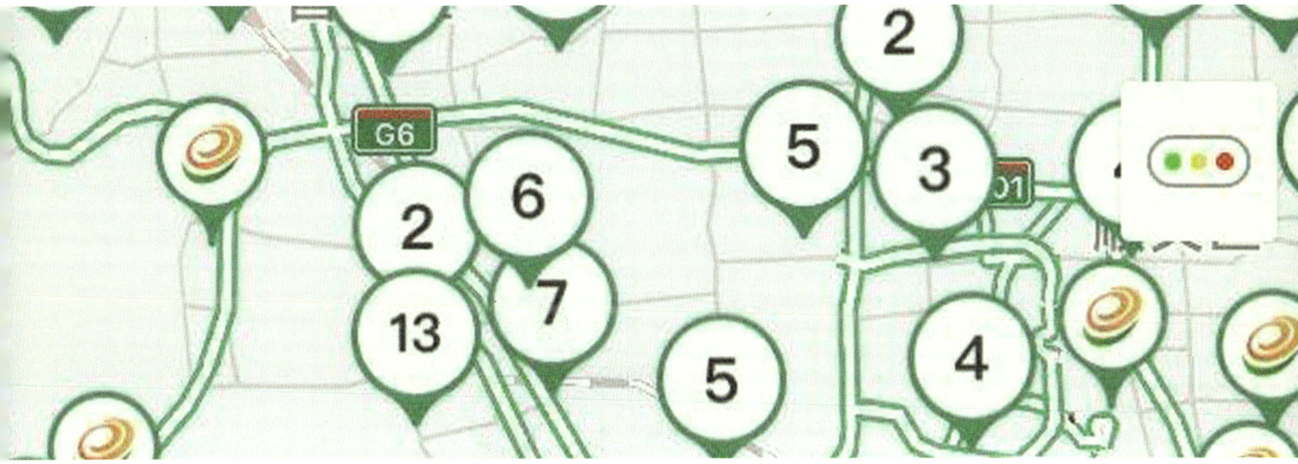

E charging
e充电简介

作为国家电网服务新能源汽车充电的核心产品，e充电APP依托全国最大的智慧车联网平台、以充电桩为基础，打造基于优质充电服务的电动汽车生态体系。提供包括充电站智能推荐、行程规划、即插即充无感支付、有序充电、车电服务包等核心功能，以及新能源资讯、互动社区与生活服务等增值业务，为超过300万注册用户提供便捷的充电解决方案、高效安全的充电体验、24小时客服和丰富的服务内容，让用户享受优质绿色出行服务。

扫码下载，一键充电

◎ **出行无忧** 长距离出行不焦虑，行程规划智能推荐沿途充电站

◎ **海量车友** 300万+注册用户，零距离交流充电、用车、养车经验

◎ **站点多** 接入超过47万个充电桩，覆盖全国26个省、273座城市，“十纵十横两环”高速快充网络，享受“全国一张网”的便捷

◎ **找桩准** 智能推荐充电站，一键导航、省心省力

◎ **充电快** 即插即充、无感支付，配合车电服务包使用更方便

电动公路
ELECTRIC HIGHWAY

新能源汽车环游中国

西北、西南篇